Helga Meyerbröker

Transparente Bilder und Rosetten
Basteln mit Seidenpapier

Helga Meyerbröker

Transparente Bilder und Rosetten

Basteln mit Seidenpapier

Verlag Freies Geistesleben

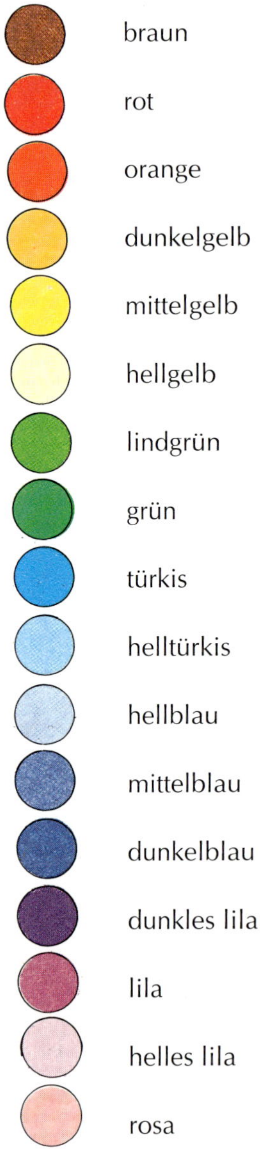

Die Deutsche Bibliothek – CIP-Einheitsaufnahme

Meyerbröker, Helga:
Transparente Bilder und Rosetten. Basteln mit Seidenpapier / Helga Meyerbröker. – 2. Aufl. – Stuttgart: Verlag Freies Geistesleben, 1995

ISBN 3-7725-1499-5

Fotos: Birgitt Gutermuth

2. Auflage 1995

Inhalt

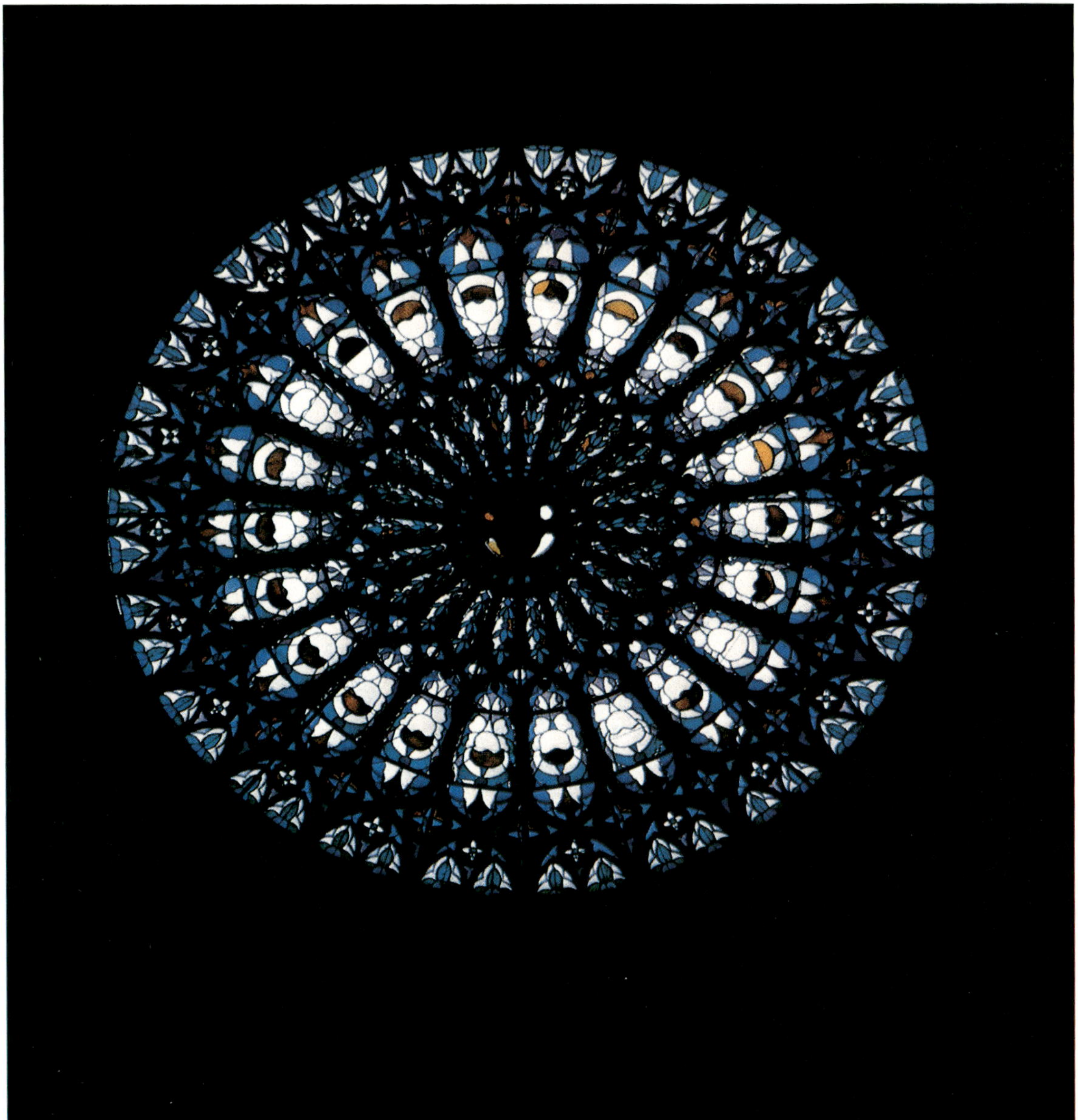

Abb. 1

Einleitung

Farbenspiel im Gegenlicht hat die Menschen schon vor vielen Jahrhunderten erfreut. Noch heute bewundern wir die großen Schöpfungen in den gotischen Bauwerken, wie hier das Radfenster in der Kathedrale in Orvieto (Abb. 1). Diese einmaligen Kunstwerke gaben den Anlaß zu den hier gezeigten Dekorationen aus transparentem Seidenpapier für den Wohnbereich. Das Zusammenspiel der leuchtenden Farbtöne und die Vielfalt der Formen sind geradezu ein Sinnbild für Harmonie und Inspiration.

Seidenpapier und seine Eigenschaften

Das für die Arbeiten in diesem Heft ausgewählte Seidenpapier (manchmal auch «Blumenseiden» genannt) schirmt durch seine Materialdichte den Hintergrund ab; es ist also nicht durchsichtig, sondern nur durchscheinend. Schon im «Auflicht» ist das Papier sehr farbkräftig, aber erst im «Gegenlicht» – bevorzugt am Fenster – entfalten die Farben eine Leuchtkraft, die man zunächst von dem Material gar nicht erwartet.
Obendrein ist Seidenpapier ein «handliches» Material. Es läßt sich sehr gut glatt falten und eignet sich sowohl für einen großzügigen Schnitt als auch für feinste Schnittmuster.

Die Farben

In den meisten Fachgeschäften ist eine große Palette zu bekommen, je nach Herstellerfirma bis zu dreißig Farben, und viele in verschiedenen Abtönungen. Auf Seite 4 finden Sie eine Farbtabelle für die in diesem Buch verwendeten farbigen Papiere. Die farbigen Punkte in den Schnittmustern erleichtern die Übersicht für die Farbauswahl. Nicht immer wird es möglich sein, exakt dieselben Farben wie die im Buch gezeigten zu erhalten. Es sind also gewisse Abweichungen der Farben durchaus möglich. Dadurch können sich aber auch reizvolle Varianten ergeben. Weitere Hinweise zur Farbverwendung auf Seite 50.

Durch das Übereinanderlegen unterschiedlicher Farben ergeben sich zusätzlich neue Varianten, die auch erst im Gegenlicht zur Geltung kommen. Selbst das Schichten einer einzelnen Farbe ergibt eine reizvolle Farbintensivierung, besonders bei zarteren Tönen.
In dieser Weise steht uns ein Farbenreichtum zur Verfügung, den wir – kombiniert mit den Möglichkeiten der Formgestaltung – kaum ausschöpfen können.

Abb. 2

Einführung in die Falttechnik von Rosetten

Material und Zubehör

Gestanzte Kartonringe in zwei Größen:

Großer Ring:
- Außendurchmesser etwa 28 cm,
- Innendurchmesser etwa 23 cm

Kleiner Ring:
- Außendurchmesser etwa 18 cm,
- Innendurchmesser etwa 14,5 cm

Farbiges Seidenpapier, uni
Klebstoff (zu empfehlen: UHU tropffrei, zu vermeiden: leicht fließender Kleber)
Bleistift
Schere (feine Handarbeitsschere oder leicht gebogene Hautschere)

Wenn Kartonringe nicht käuflich zu erwerben sind, können Sie diese mit Hilfe eines Zirkels und den angegebenen Maßen aus Fotokarton selbst ausschneiden. In diesem Fall ist die Möglichkeit gegeben, einen farblich passenden Rahmen zu wählen. Aber: im Gegenlicht fällt die Rahmenfarbe kaum auf, und eine neutrale Farbe (grau oder beige) reicht durchaus für alle Seidenpapierkombinationen.

Die Falttechnik

Die ersten Beispiele sind sehr leicht nachzuarbeiten und eröffnen trotzdem Möglichkeiten für zahlreiche Varianten. Was in der Beschreibung als schwierig erscheinen mag, braucht schon nach dem ersten Durchgang nur wenig Zeit, also nur Mut!

1. Wir brauchen als erstes zwei kleine Ringe.
2. Aus dem Seidenpapierangebot wählen wir folgende Farben:
- als Untergrund Weiß
- als erste Schicht Helltürkis
- als zweite Schicht Lindgrün
- als dritte Schicht Türkis
- als vierte Schicht Mittelblau

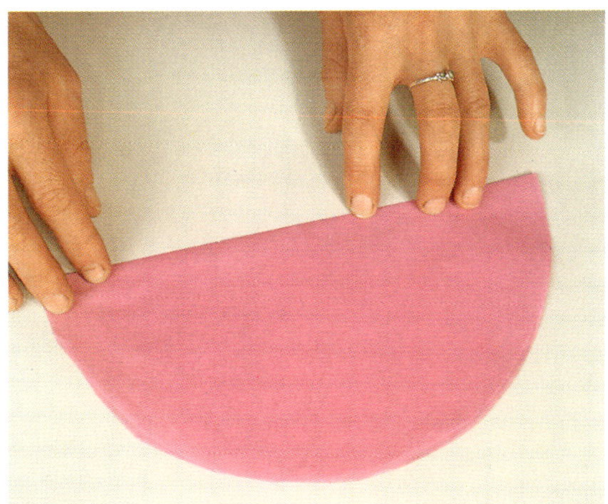

Abb. 3: Zur Hälfte falten

Wir legen die ausgewählten Papiere übereinander, das Weiß obenauf und zeichnen mit einem Bleistift die innere Ringgröße nach. Jetzt schneiden wir mit einer «Nahtzugabe» von etwa einem halben bis einem Zentimeter alle Farben auf einmal aus. Die Nahtzugabe verschwindet später unter dem zweiten abdeckenden Ring und braucht daher nicht so exakt geschnitten zu sein.

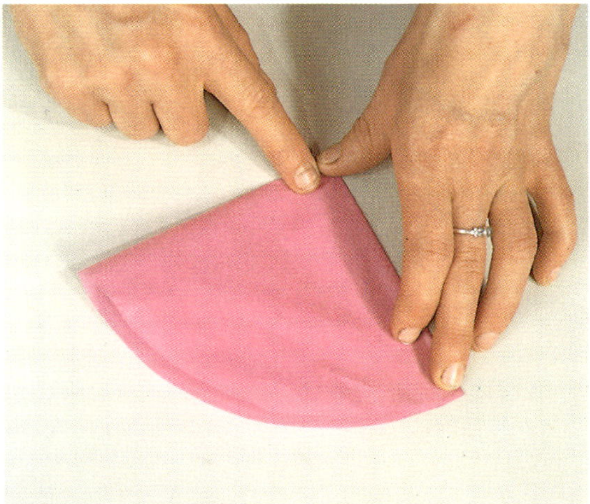

Abb. 4: Zum Viertel falten

Abb. 5: Zum Achtel falten

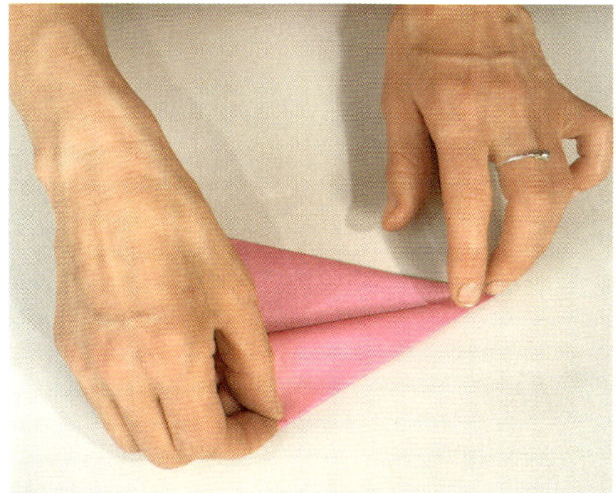

Abb. 6: Zum Sechzehntel falten

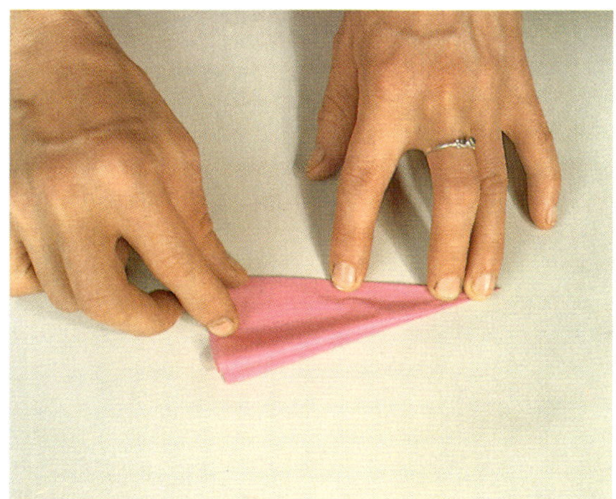

Abb. 7: Fertig gefalteter «Keil»

3. Weiß wird dann mit Hilfe des markierten Bleistiftringes auf den inneren Kartonring aufgeklebt und dient als Unterlage für die nächsten Schichten.

4. Falten Sie die Farbkreise wie in Abb. 3 bis 7 angegeben: Erst zur Hälfte falten (Abb. 3), dann zum Viertel (Abb. 4). Das Achtel wird gefaltet, indem man die auseinanderklaffende Seite zusammenhält und auf den Bruch legt (Abb. 5); dann wird eine Hälfte des Achtels nach oben umgefaltet, während die zweite Hälfte nach unten umgeschlagen wird. So ensteht ein Sechzehntel (Abb. 6). Es ist wichtig, exakt zu falten, mit einer gut zulaufenden Spitze und glatt gestrichenen Seiten. Die Ausgewogenheit des fertigen Stückes hängt entscheidend von diesem Arbeitsgang ab (Abb. 7). Ein so fertig gefaltetes Teil werden wir der Einfachheit halber von jetzt an als «Keil» bezeichnen.

5. Nun legen wir unsere vier Keile nebeneinander, daß sie zusammen wieder ein Viertel ergeben. Und zwar so, daß links die hellste Farbe (erste Schicht) zu liegen kommt, daneben die zweite Schicht, die dritte, und ganz rechts der

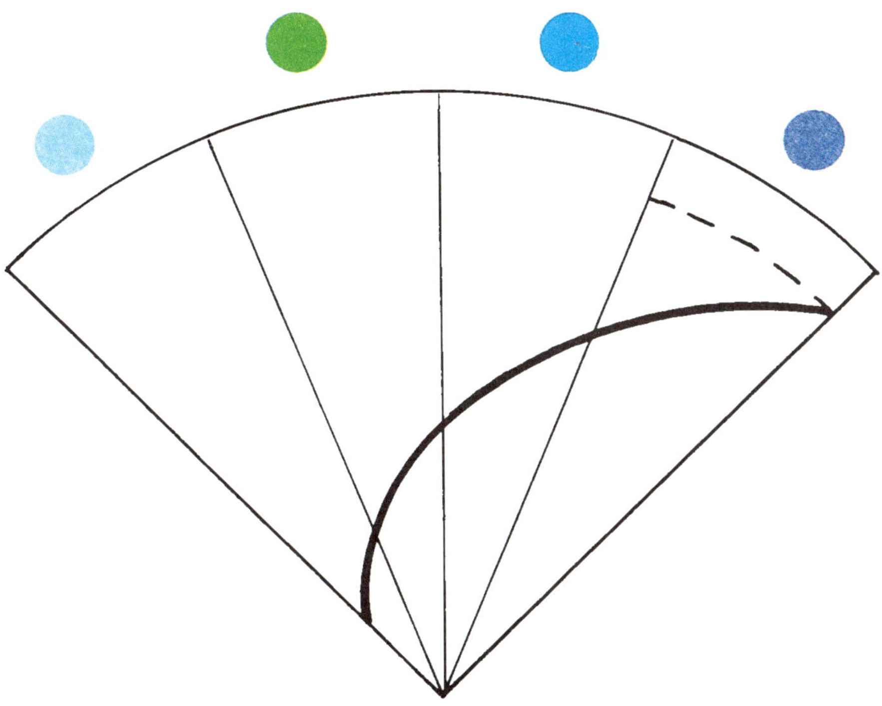

Abb. 8

dunkelste Keil. Auf diesem rechten Keil wird die beim Zuschneiden entstandene Nahtzugabe markiert (Abb. 8).

6. Aus dieser Zeichnung übertragen wir den dick gedruckten Bogen, der alle vier Keile durchzieht, auf die vor uns liegenden. Jetzt

Abb. 9

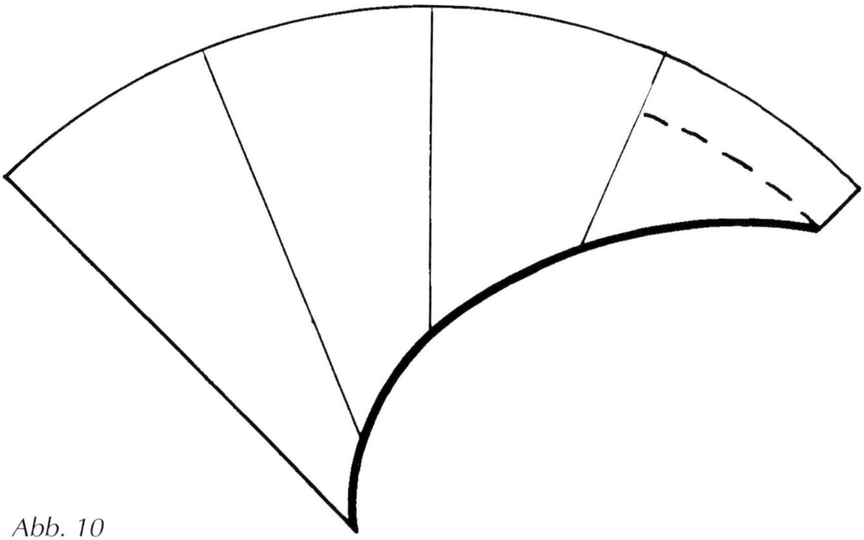

Abb. 10

schneiden wir diese übertragene Linie auf jedem einzelnen Keil nach. Die vier abfallenden Keilspitzen legen wir beiseite, sie können später noch verwendet werden. Wir haben nun die Abschnitte, wie sie aus Abb. 9 und 10 ersichtlich sind .

7. Der hellste und längste Keil-Abschnitt wird auseinandergefaltet, der Bruch jeweils, z.B. mit dem Fingernagel, etwas nachgeglättet.

8. Das nun wieder rund vor uns liegende Papier wird so auf die Unterlage gelegt, daß es den weißen Untergrund gleichmäßig bedeckt, und festgeklebt, genauso wie das Weiß auf dem Kartonring (siehe Abb. 9).

9. Das zweite Teil wird auseinandergefaltet, geglättet und jetzt heißt es aufgepaßt:

Alle durch das Falten entstandenen Knicke müssen *genau* aufeinander zu liegen kommen. Dabei spielt es keine Rolle, ob ein Knick nach oben oder unten zeigt, wichtig ist, daß *die* Knicke übereinander liegen, die im Muster zueinander gehören. In diesem Beispiel bedeutet es, daß die zum Rand weisenden Spitzbögen sich immer an der gleichen Stelle befinden, d.h. daß alle Schnittlinien rundherum scheinbar parallel verlaufen.

Wenn die zweite Schicht richtig liegt, kann sie mit Klebstoff fixiert werden.
Mit dem dritten Keilabschnitt wird in gleicher Weise verfahren und ebenso mit dem vierten.
Das Ausrichten der Knicke ist ein wenig Übungssache. Wem dieser Schritt anfangs

Abb. 11

schwerfällt, dem mag Abb. 12 vielleicht hilfreich sein:
Ausrichten der Knicke zuerst in Pfeilrichtung (oben und unten), siehe Ziffer 1. Sodann in der Höhe verschieben, bis rechts und links dazu die Knicke übereinander sind, siehe Ziffer 2. Jetzt liegen damit alle Knicke richtig!

10. Der zweite Pappring soll den unschönen

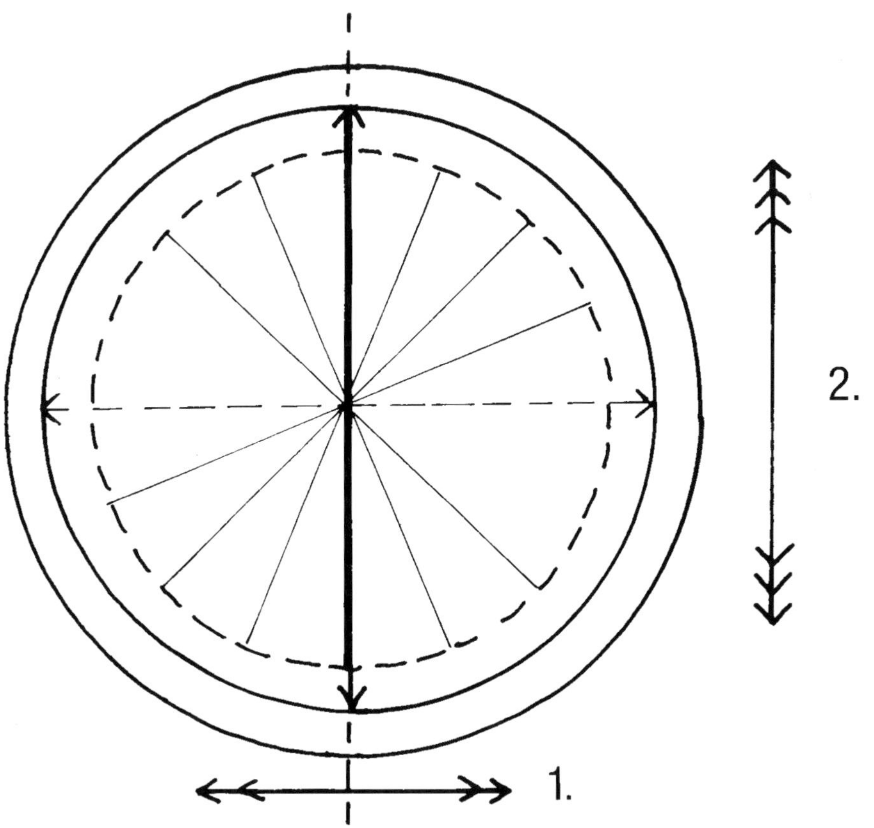

Abb. 12

Abb. 13

Klebebereich abdecken und dient gleichzeitig zur Festigung des Rahmens, gut festkleben!

11. Zum Abschluß wird durch diesen Rahmen ein Faden zum Aufhängen gezogen. Wo sich die Einstichstelle befinden muß, sehen Sie am besten, wenn Sie das Ganze einmal gegen das Licht halten und es nach einer optimalen Aufhängung überprüfen (Abb. 11).

12. Verwertung der abgeschnittenen Keilspitzen: Die Spitzen werden auseinandergefaltet, glattgestrichen und der Größe nach aufeinandergeklebt (ein Fixieren in der Mitte genügt). Die so entstehenden blumenhaften Sterne lassen sich für Dekorationszwecke verwenden, z. B. bei Geschenkverpackungen (Abb. 13).

Variante des einführenden Beispiels

Wir können die gleichen Farben verwenden wie bei dem ersten Beispiel, dann ist der andere Effekt besonders gut zu sehen – oder eine neue Farbzusammenstellung erproben (s. Abb. 15):

- Hellblau
- Mittelblau
- Mittelblau
- Lila

Die Arbeitsgänge 1. bis 8. von den Seiten 9 bis 13 werden in der beschriebenen Weise wiederholt.

9. Der zweite Keil wird auseinandergefaltet, geglättet und jetzt *anders* geklebt: Die zum Rand weisenden Spitzbögen werden nicht

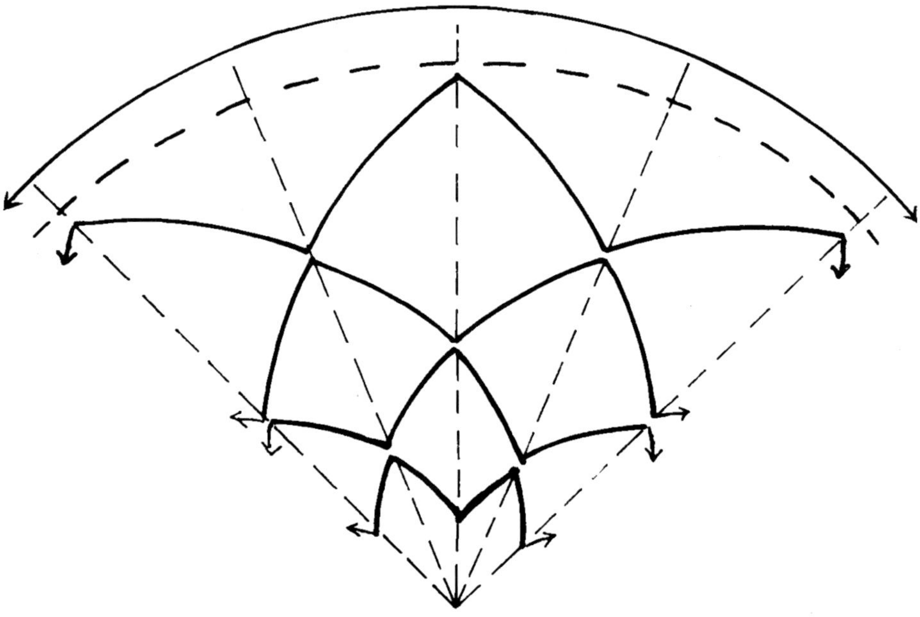

Abb. 14

übereinander ausgerichtet, sondern um einen Knick verschoben, sozusagen «*versetzt*». (s. Abb. 14 und 15).

Zu 10. und 11.
Es wird ebenso verfahren, wie auf Seite 17 beschrieben.

Abb. 15

Weitere Variationen

Nach diesem einfachen Grundschema lassen sich die verschiedensten Varianten ausführen. Entscheidend für die neuen Ergebnisse und ihre Form ist die jeweilige Linienführung, die *alle* vier Keile durchschneidet. Einige Möglichkeiten sollen durch Abb. 17 bis 19 erläutert werden.

Abb. 16

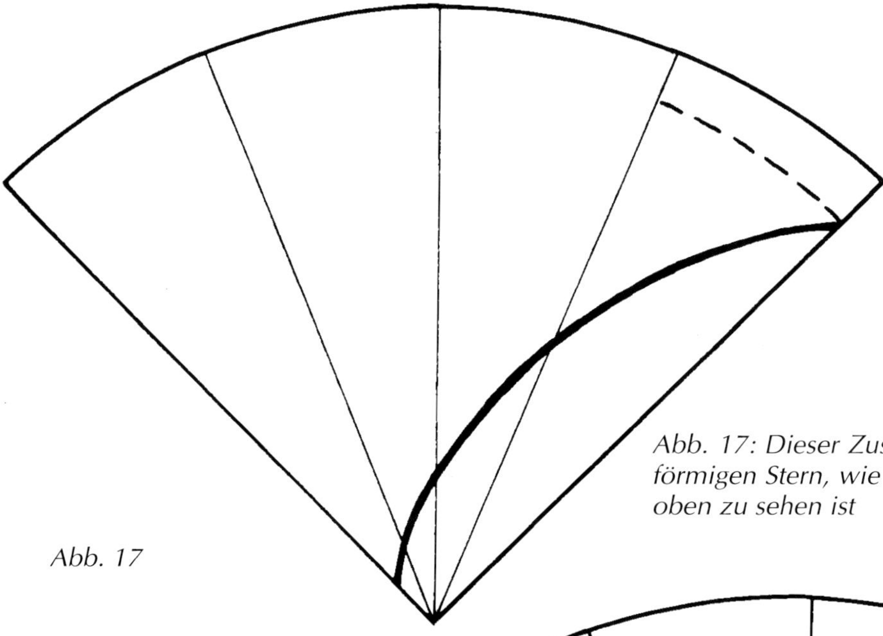

Abb. 17: Dieser Zuschnitt ergibt einen blütenförmigen Stern, wie er in Abb. 11 und Abb. 16 oben zu sehen ist

Abb. 17

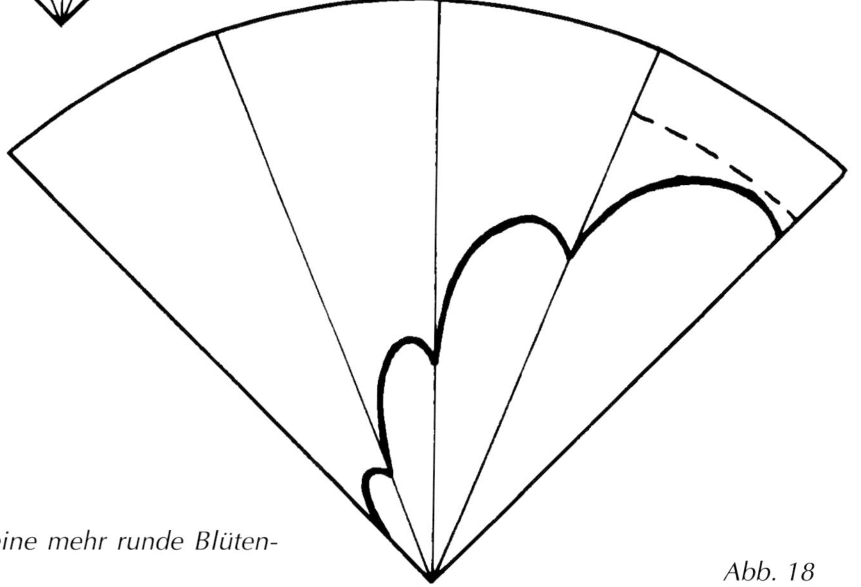

Abb. 18: Das Ergebnis ist eine mehr runde Blütenform, siehe Abb. 16 rechts

Abb. 18

Dies mag als Anregung genügen. Es bleibt noch zu erwähnen, daß jeder Zuschnitt jeweils zwei Modelle ergeben kann, wenn Sie an das Versetzen der Bögen denken. Auch das gleiche Modell in zwei verschiedenen Farbzusammenstellungen ist es einen Versuch wert; es ergibt sich schon eine ganz andere Wirkung bei z. B. strahlenden Gelbtönen im Gegensatz zum tief leuchtenden Blau.

Abb. 19: Mit diesem «ausgefransten» Bogen erhalten Sie eine besonders duftige Variante (siehe Abb. 20).

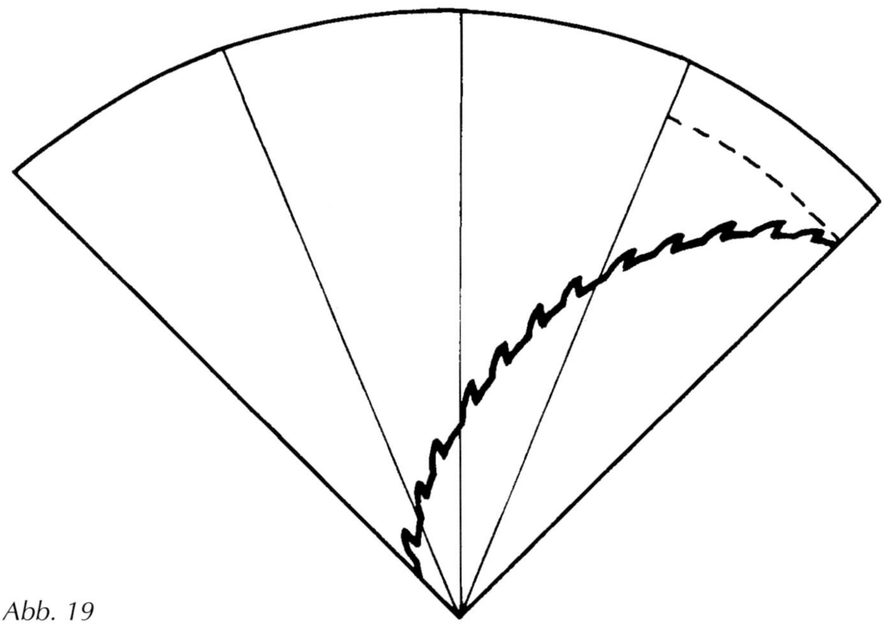

Abb. 19

Abb. 20

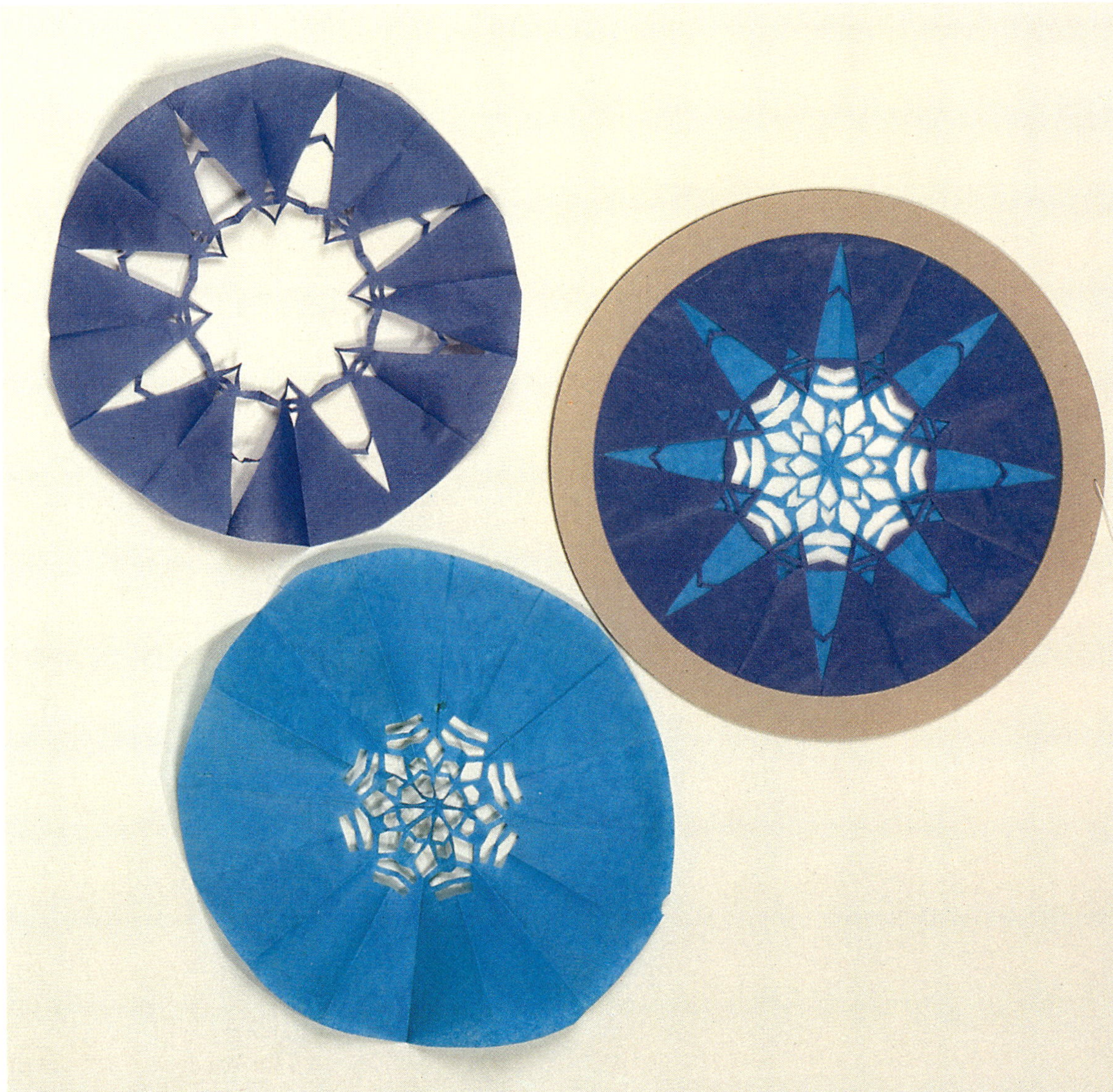

Sterne

Kleiner Stern

Bei den nächsten Modellen kommt ein neuer Arbeitsgang dazu, nämlich das Ausschneiden von Mustern. Dies geschieht fast ausnahmslos durch Einschneiden in die Seiten des Keiles, wie aus den jeweils zugehörigen Zeichnungen ersichtlich wird (Abb. 22, 23, 25 und 28).

Wir beginnen mit einem einfachen Stern, der nur aus zwei Farben besteht (immer plus weißen Untergrund). Die *hellere* Farbe, in diesem Fall Türkis, wird zum Einschneiden des Musters gebraucht – damit bekommen wir die schöne, durchbrochene Mitte.

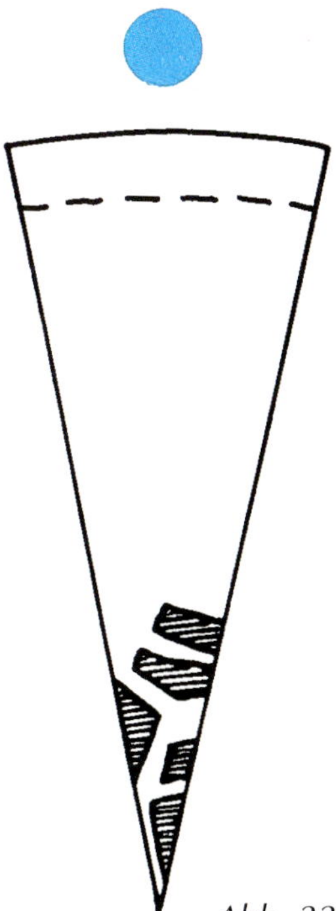

Abb. 22a

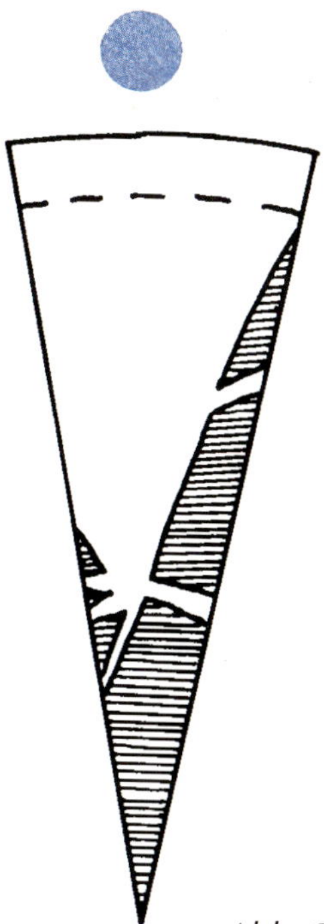

Abb. 22b

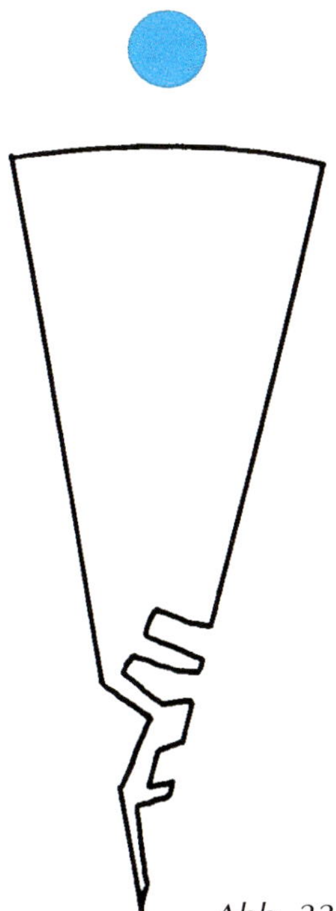

Abb. 22c

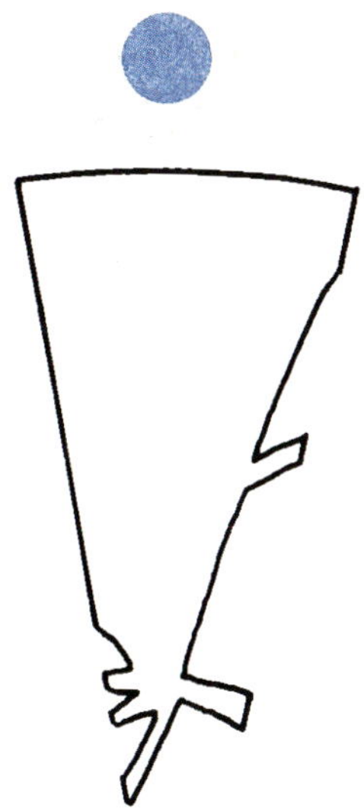

Abb. 22d

Die zweite, *kräftigere* Farbe, ein Mittelblau, ergibt dann die äußere Sternform (s. Abb. 21).
Mit den Farben Türkis und Mittelblau können wir die Arbeitsgänge 1. bis 4. der Seite 10 und 11 übernehmen.

5. Wir übertragen aus der Zeichnung 22a das schraffierte Muster auf den hellen Keil und schneiden mit einer feinen Schere die schraffierten Teile aus (seitlich beginnend).
Die Zeichnung 22b wird auf den dunklen Keil übertragen und entsprechend geschnitten (Keilabschnitte 22c und 22d).

6. Beide Keile werden Faltung für Faltung auseinandergenommen und etwas nachgeglättet. Vorsicht bei der zarten Spitze!

7. Zuerst die helle Farbe (Türkis) auf den weißen Untergrund aufkleben. Die dunklere Farbe (Mittelblau) darüberlegen, nach Knicken ausrichten und am Rand ankleben.

8. Den abdeckenden Kartonring aufbringen und zum Abschluß den Faden durchziehen.

Variation des kleinen Sterns

Die zweite kleine Stern-Variante nutzt die Möglichkeit, aus der gleichen Faltung statt eines achtfachen Sterns einen sechzehnfachen Stern auszuschneiden.
Dafür nehmen wir die Farben Orange und ein kräftiges Rot. Wir arbeiten nun nach dem gleichen Schema wie beim ersten Stern, nur daß wir bei Punkt 5. die Zeichnungen 23a auf den orangenen Keil übertragen und 23b auf den roten.
In Abb. 24 ist oben der fertige 16fache Stern zu sehen.

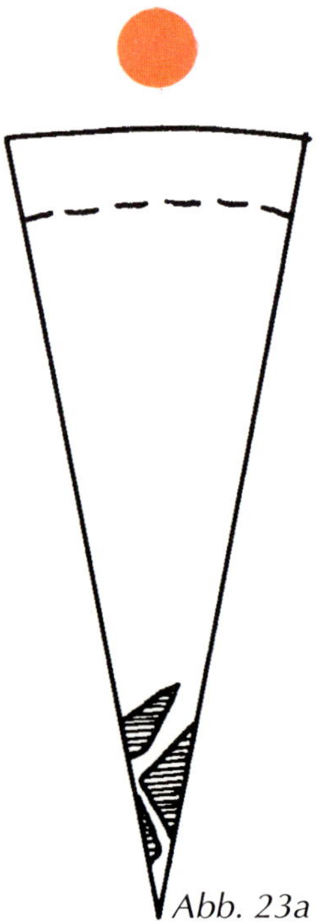
Abb. 23a

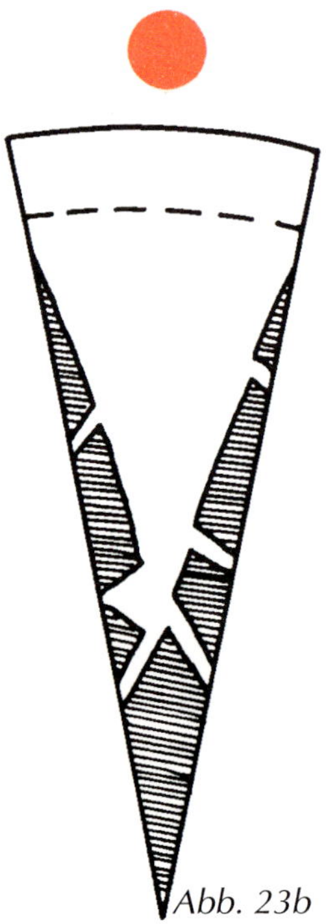
Abb. 23b

Diese prinzipielle Überlegung, «Muster» sichtbar zu lassen oder zusätzlich durch eine weitere Schicht zu untermalen, liegt eigentlich allen weiteren Arbeiten zugrunde.

Und natürlich bietet sich mehr Raum für Kreativität an, wenn der Durchmesser größer ist. So werden wir für die nächsten Beispiele die größeren Kartonringe verwenden (Ø 28 cm, s. S. 9).

Abb. 24

Großer Stern

Für den sehr klar gegliederten Stern kommt noch eine dritte Farbe hinzu. Wir brauchen zwei große Ringe, dazu Seidenpapier in den Farben Hellblau, Mittelblau, Dunkelblau und Weiß wie immer als Untergrund .
Die Arbeitsschritte sind jetzt wahrscheinlich schon ziemlich geläufig (ansonsten beim kleinen Stern S. 25 und 26 nachzulesen). Dieses Mal sind drei Farben zu falten und entsprechend drei Schnittmuster zu übertragen und auszuschneiden. Dazu die Abb. 26
In Abb. 25 sind neben dem fertigen Stern (links) sehr schön die drei Arbeitsgänge sehen, die zu ihm führen:
Während das *Hellblau* mehr für die helle Mitte eingesetzt wird, das *Mittelblau* schon den ganzen Stern mitgestaltet, verschafft erst das *Dunkelblau* dem Ganzen die eindeutige Form und die kräftigen Konturen.

Abb. 25

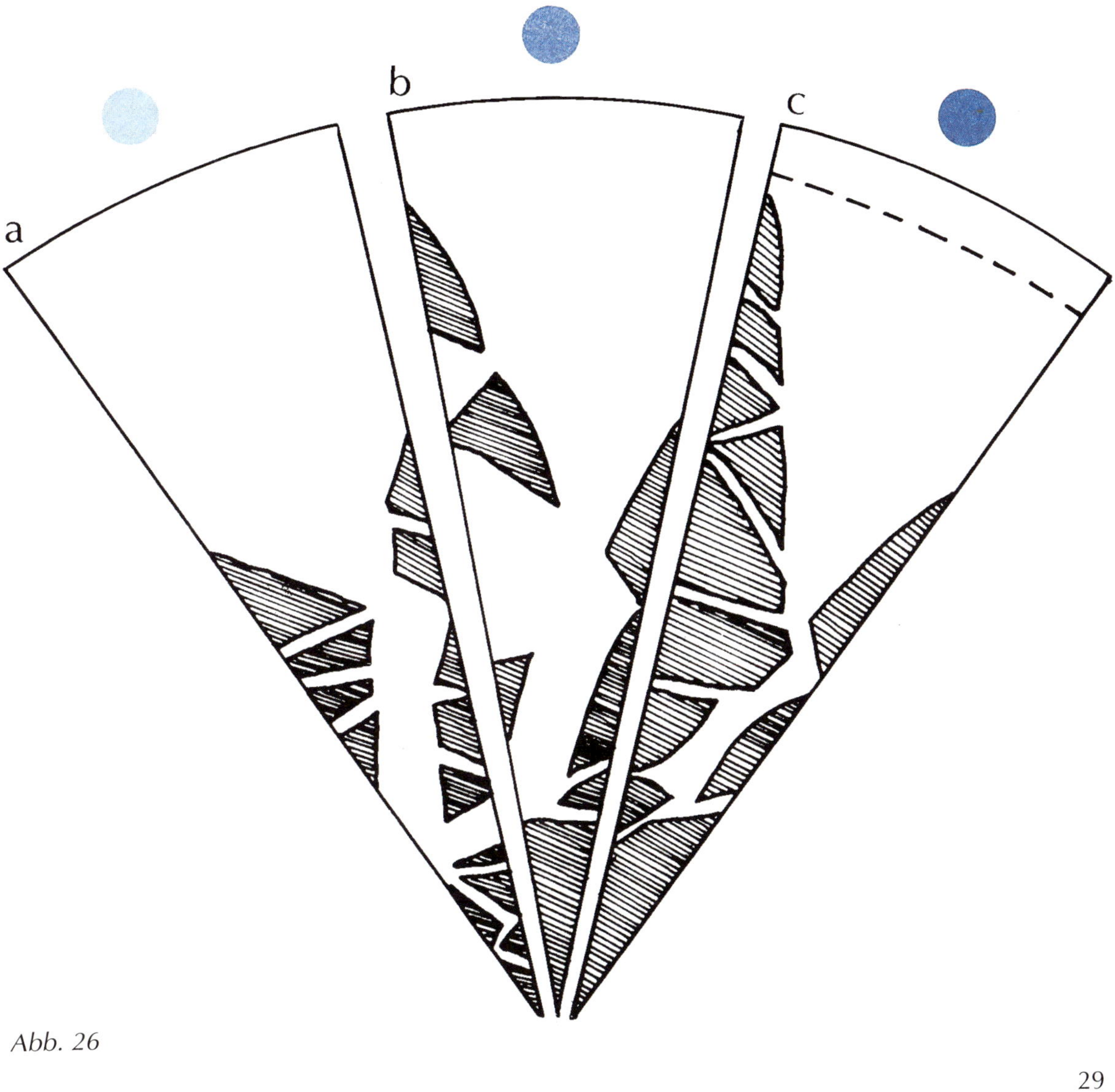

Abb. 26

Abb. 27

Gelber Stern

Der gelbe Stern in Abb. 28 ist sehr einfach geschnitten, was ihm nicht auf den ersten Blick anzusehen ist. Seine fast plastische Wirkung beruht im Wesentlichen auf der Betonung des sternförmigen Ausschnittes, der vom Hellen zum Dunklen immer größer und weiter wird. Dieser Effekt wird durch zwei zusätzliche Farbschichten verstärkt. Für das Modell werden also fünf Farben benötigt:

- Weiß (zusätzlich zum Untergrund)
- Hellgelb
- Mittelgelb
- Mittelgelb
- Dunkelgelb

Der Zuschnitt für die einzelnen Farben ist aus der Abb. 29a bis 29e zu übertragen.

Abb. 28

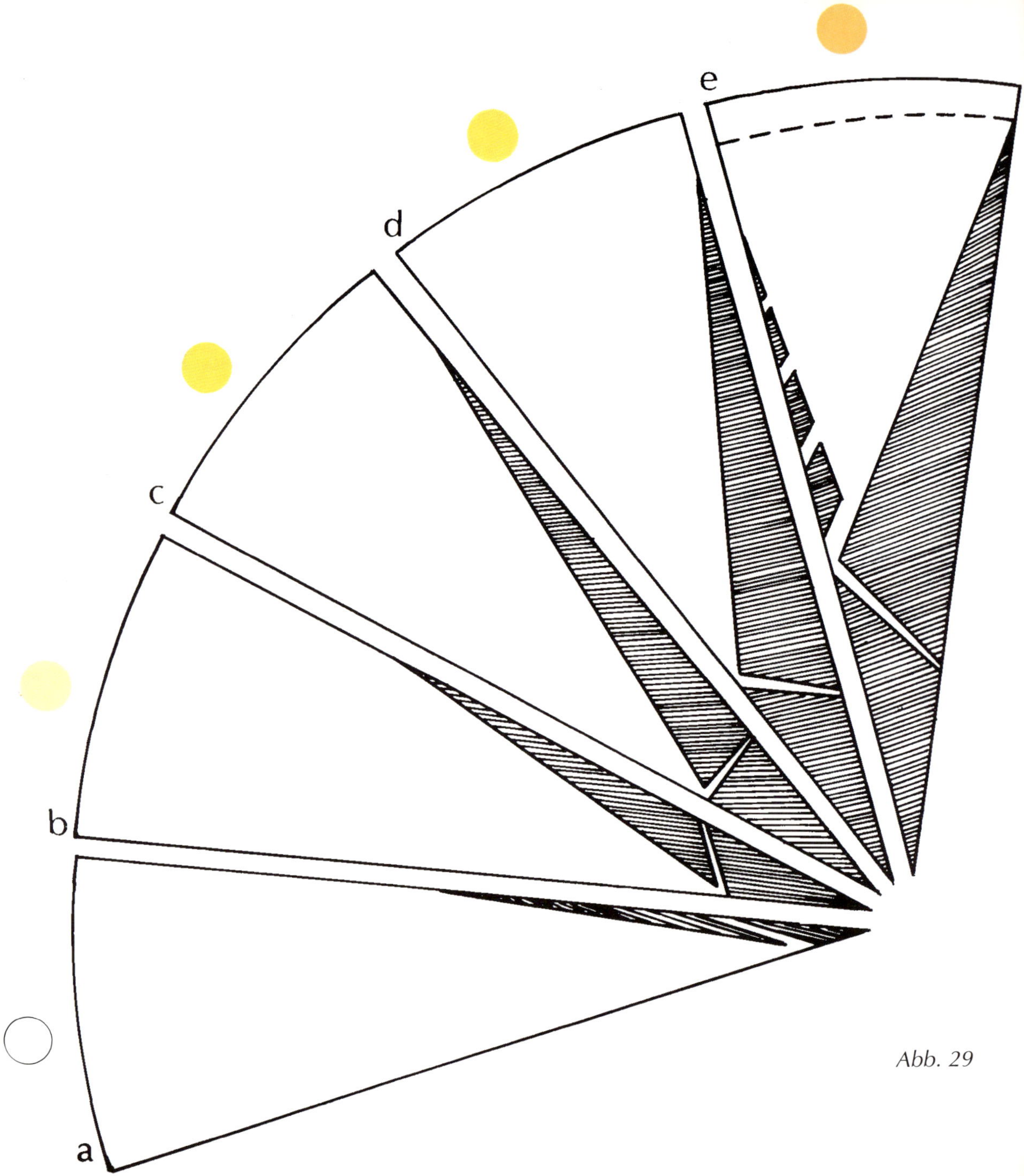

Abb. 29

Schneestern

Der Schneekristall in Abb. 32 ist ein sechsfacher Stern. Diese Grundstruktur fordert förmlich zu einem solchen Kristall heraus.

Dazu ist allerdings eine abgewandelte Faltung nötig: Nach dem zweiten Falt-Schritt (s. Seite 10 und 11) wird das «Viertel» in drei Segmente unterteilt, so kommen Sie zu der benötigten 12er-Faltung. Der Keil für den Schneekristall ist also breiter (s. Abb. 30)! Da es Schneekri-

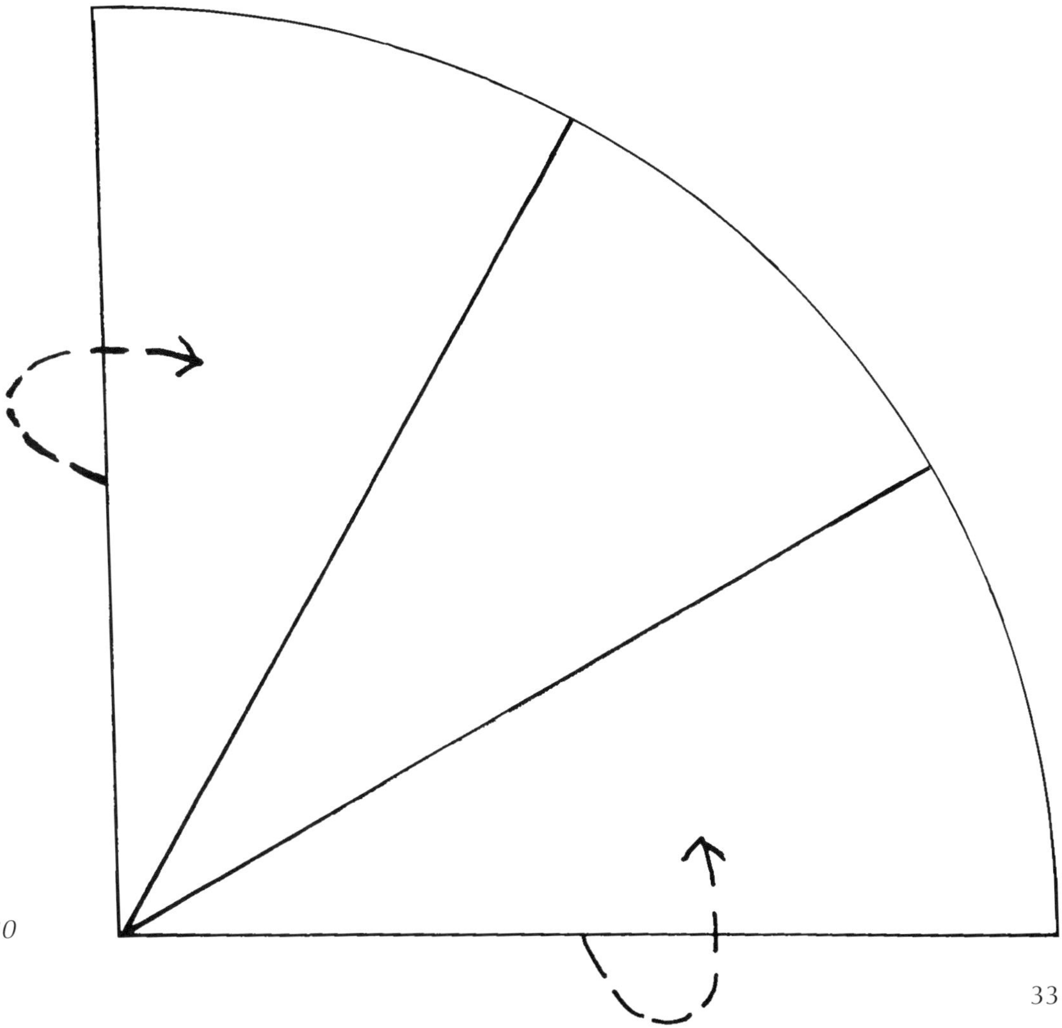

Abb. 30

stalle in der Natur in unzähligen Variationen gibt, sei hier in der Abb. 31 nur die Form skizziert, die dem Kristall in der Abb. 32 zugrunde liegt.

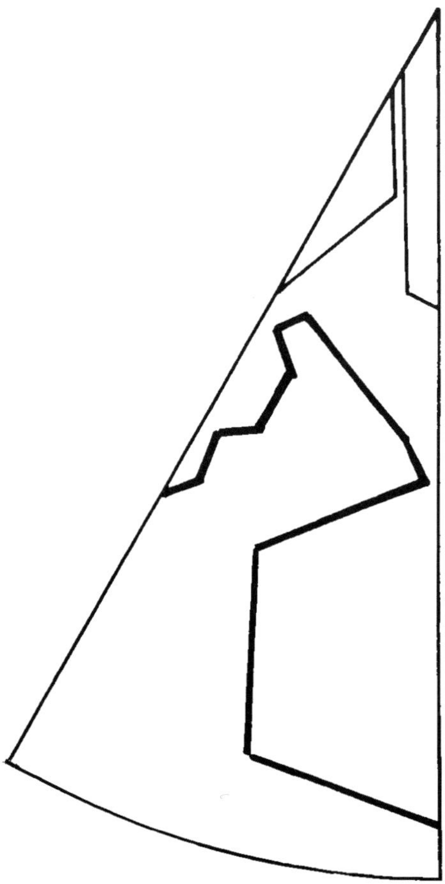

Abb. 31

Abb. 32

Rosetten

Abb. 34▷

An drei Beispielen wollen wir uns jetzt das Prinzip der Rosetten zu eigen machen.
Alle drei bestehen aus den gleichen Farben:

– Rosa
– Mittelblau
– Lila

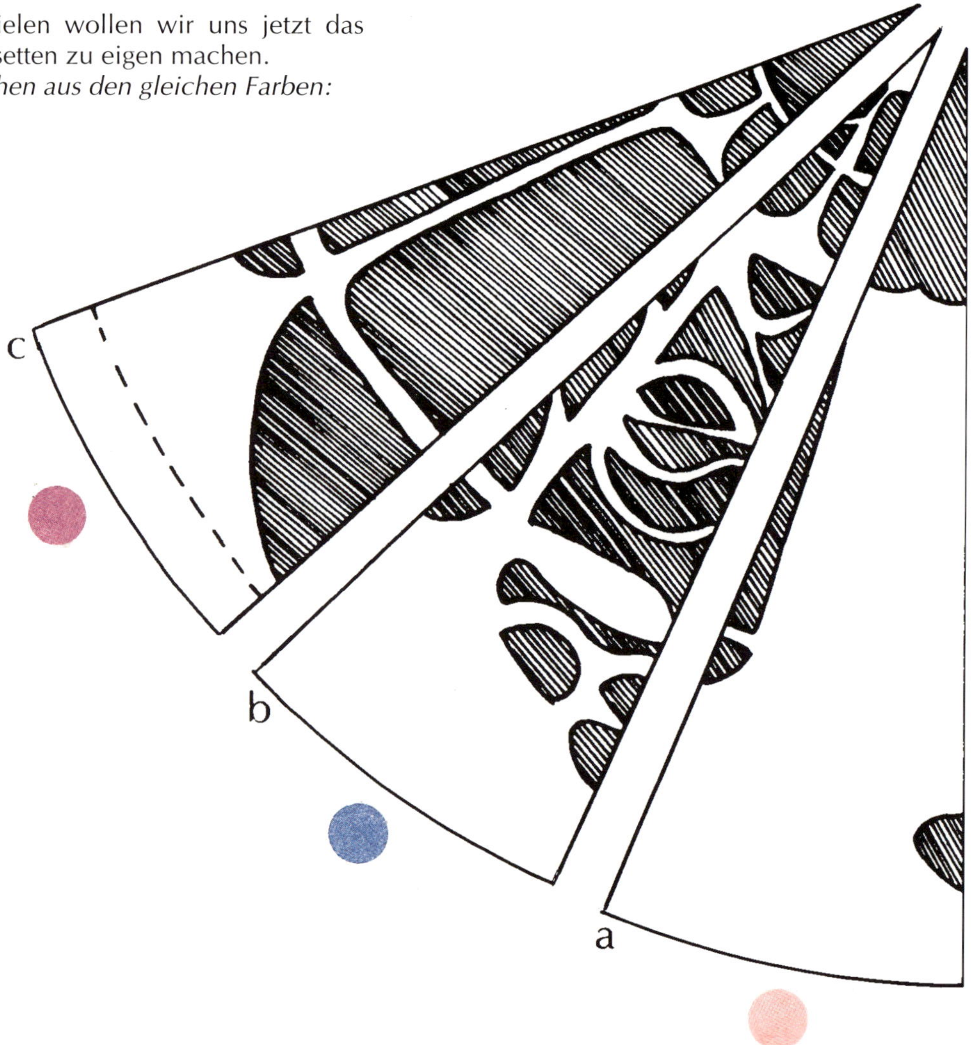

Abb. 33

Das erste Beispiel hat bis auf den Mittelteil relativ großzügige Schnittmuster, damit die zugrundeliegende Idee möglichst gut erkennbar wird. In jedem weiteren Modell kommt bei fast gleichen Zuschnitten immer noch eine Verfeinerung dazu.

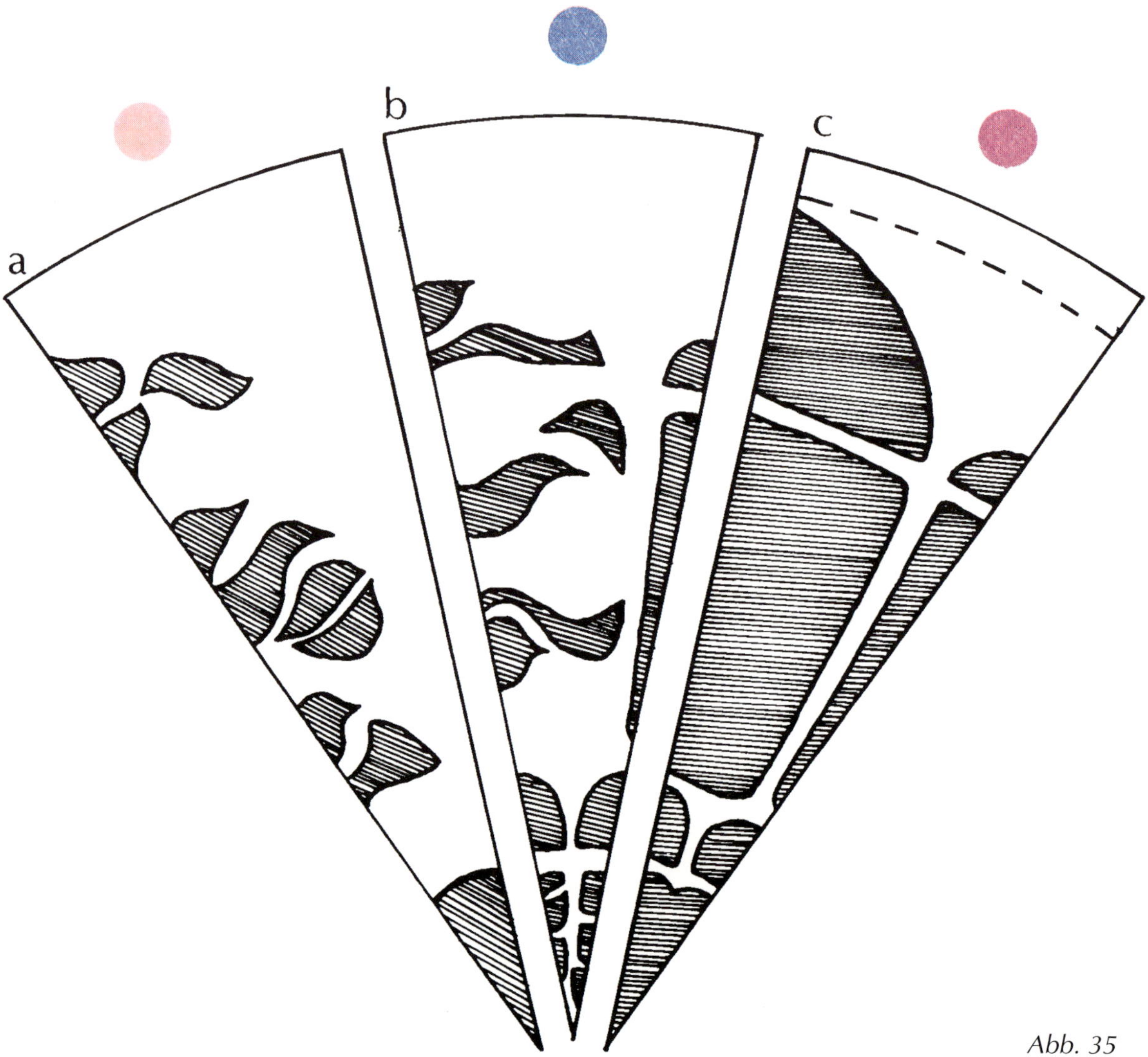

Abb. 35

Rosette 1

Wir beginnen mit der Rosette links in der Mitte der Abb. 34. Nach dem Falten übertragen wir die Muster aus der Abb. 33. Vom *rosa* Keil wird die Keilspitze abgeschnitten, dadurch wird die durchbrochene Mitte in der mittelblauen Schicht sichtbar gemacht. Ansonsten wird nur wenig aus dem Rosa herausgeschnitten (s. Abb. 33a).

Mittelblau breitet sich filigranartig über die rosa Fläche aus und hat schon ein etwas komplizierteres Muster. Einige der schraffierten Teile sind nicht mehr von der Seite aus zu schneiden, die Scherenspitze wird daher vorsichtig in den Keil hineingestochen und so der Anfang für den Schnitt gemacht (s. Abb. 33b).

Abb. 36

Abb. 37

Lila ergibt gut erkennbar die Rosettenform und wird entsprechend großzügig ausgeschnitten (s. Abb. 33c).
In Abb. 36 können wir uns die drei Schritte noch einmal veranschaulichen, links oben ist dann aber schon die nächste Rosette zu sehen (s. auch Abb. 36 rechts unten).

Rosette 2

Für dieses zweite Beispiel falten wir ebenfalls

- Rosa
- Mittelblau
- Lila

und übertragen Abb. 35a-c.

Rosa und *Mittelblau* sind so aufeinander abgestimmt, daß durch entsprechenden Schnitt jeweils einmal die Farbe Rosa und einmal die Farbe Mittelblau sichtbar gemacht wird (Abb. 34a und 34b).

Lila wird genau wie beim ersten Mal so eingesetzt, daß die Rosettenform erscheint (Abb. 35c).

Rosette 3

Es folgt als drittes Beispiel nun die oberste Rosette aus der Abb. 34.
Wir falten die gleichen Farben und übertragen die Abb. 38a bis 38c auf die entsprechenden Keile.
Die Schnittmuster für *Rosa und Mittelblau* sind fast identisch mit dem des zweiten Beispiels. Das *Lila* aber rahmt alle ausgeschnittenen Flächen zusätzlich ein und vermittelt so dem Ganzen das ausgeprägte Muster und die starken Konturen.

Diese drei Rosetten-Beispiele sind eine Achterform, genau wie bei den Sternen kann man auch bei den Rosetten eine 16er-Form ausarbeiten (s. Abb. 37).

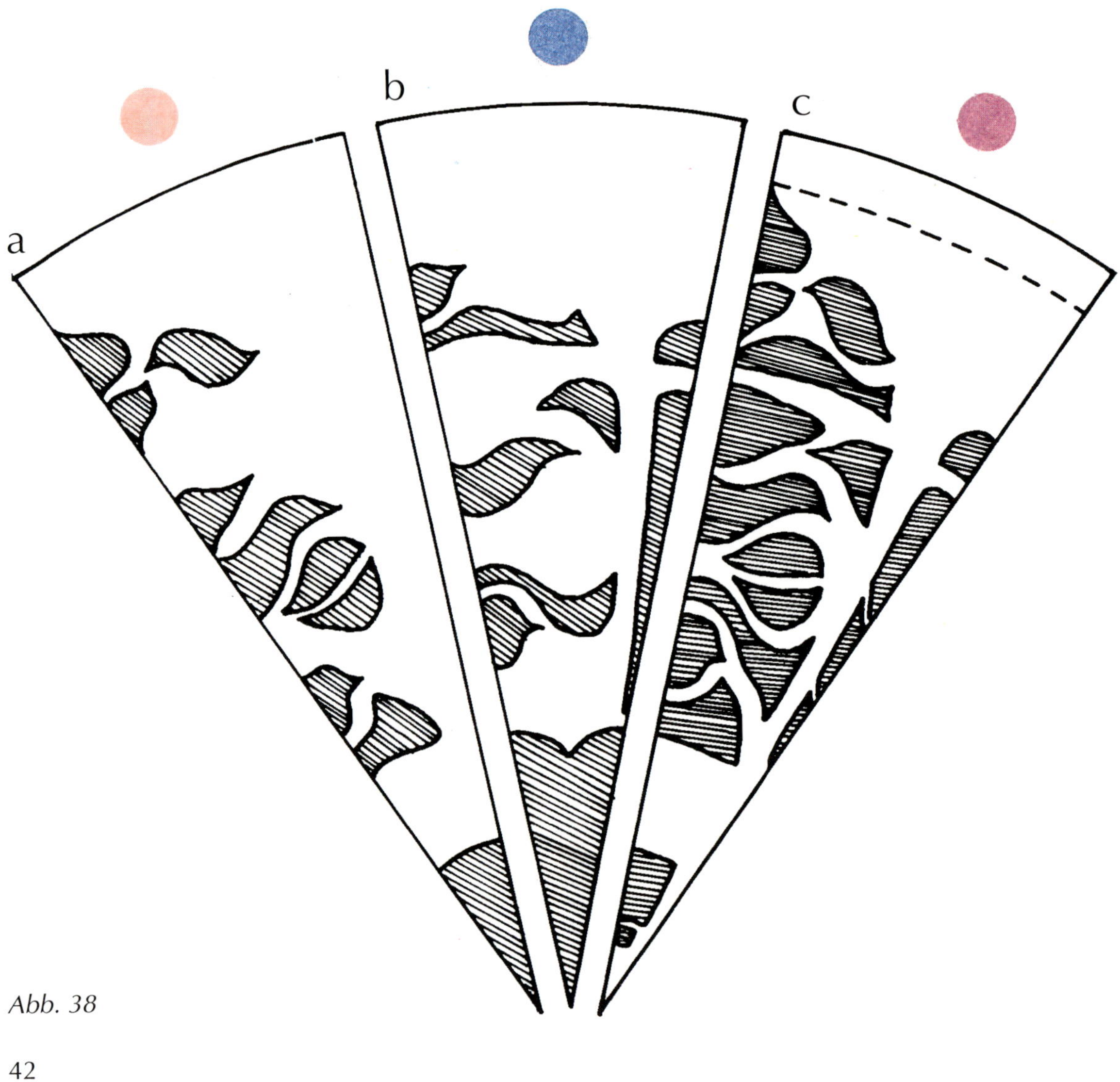

Abb. 38

Die 16fache Rosette

Die *16fache Rosette* besteht aus vier Farben:

- Türkis
- Mittelblau
- Grün
- Lila

In Abb. 39 lassen sich die einzelnen Arbeitsschritte gut erkennen:
Das *Türkis* erscheint im Wesentlichen in der Mitte und gibt ein paar Lichtpunkte frei, dazu die Abb. 40a.

Abb. 39

Das *Blau* (untermalt von dem Türkis) färbt sozusagen achtmal ein «Fenster» ein, dazu Abb. 40b.

Das *Grün* (ebenfalls von Türkis unterlegt) färbt die jeweils daneben liegenden Fenster ein, s. Abb. 40c.

Das *Lila* rahmt alle sechszehn Fenster ein (Abb. 40d).

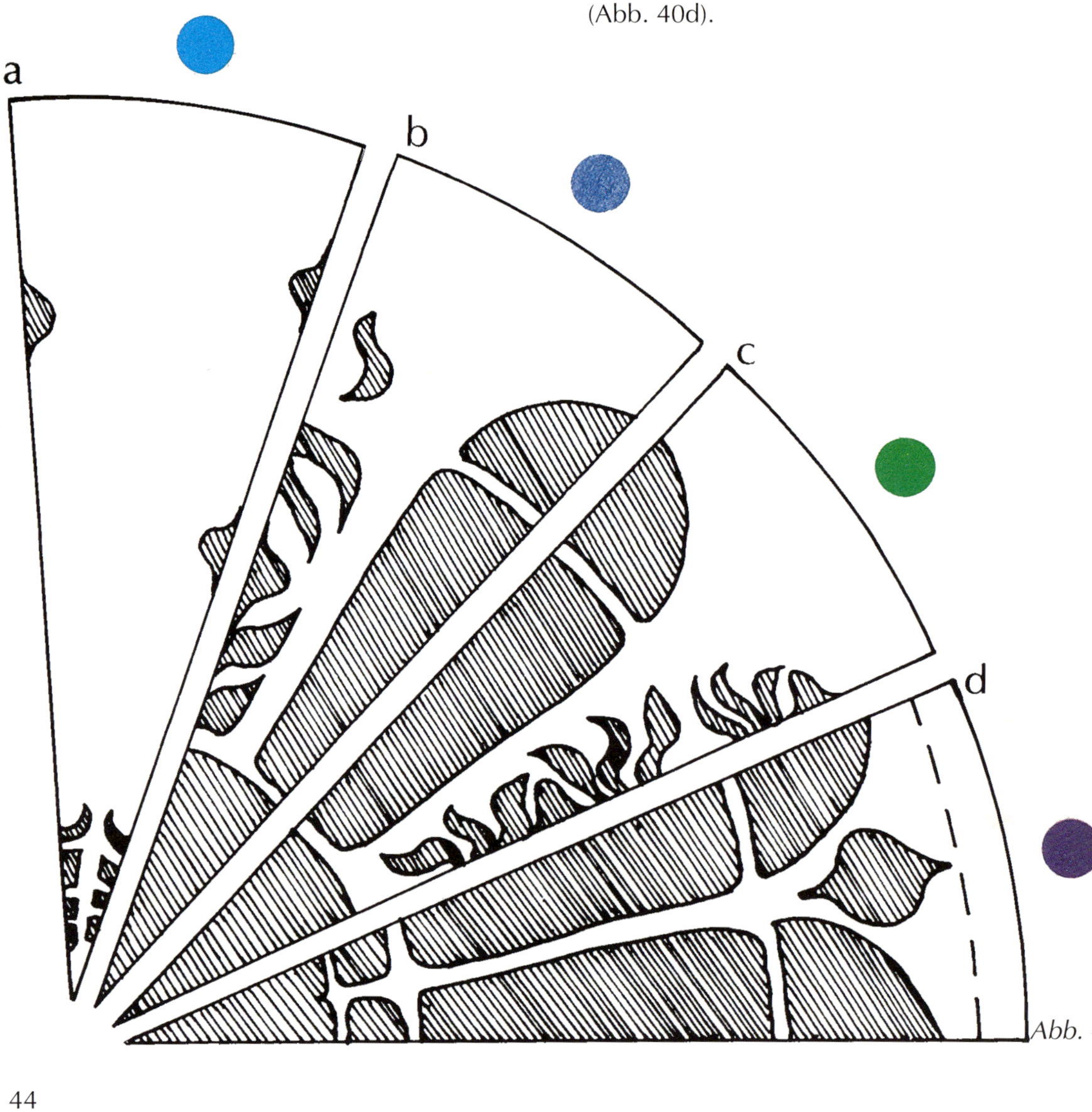

Abb. 40

Gotische Fensterrosette

Die Rosette von Abb. 42 ist nach dem Rosenfenster einer gotischen Kathedrale entworfen. Sie ist ebenfalls eine 16er-Rosette und besteht aus vier Farben:

- Mittelblau
- Lila
- Rot
- Dunkles Lila

Dazu gehört die Abb. 41a-d.

Diese Zeichnungen sind für eine kleinere Ringgröße:
Außendurchmesser etwa 26 cm
Innendurchmesser etwa 21 cm

Abb. 41

Die Abb. 43 hat ihre Besonderheit darin, daß sie bis auf den kleinen Innenteil keine Muster aufweist, sondern aus farbigen Flächen besteht.

Abb. 42

Abb. 43

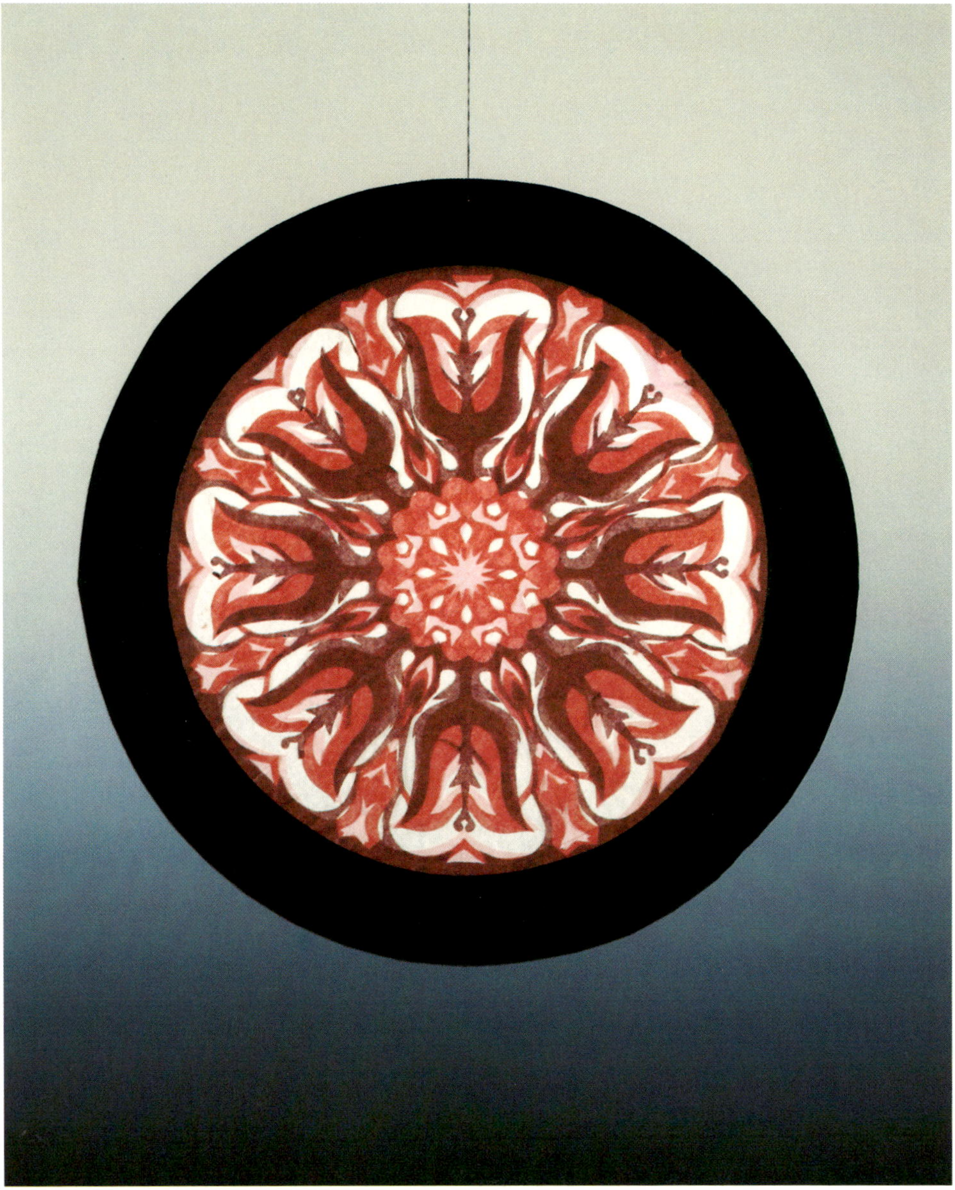

Abb. 44

Zum Anregen abschließend noch einige Beispiele. Die Abb. 44 hat ein ausgeprägtes Blumen-Muster, während Abb. 45 mehr ein bäuerliches Motiv zum Vorbild hat.

Abb. 45

Ratschläge und Erfahrungen

Einige Erfahrungen wird man sich im praktischen Durchgang ganz von selbst erarbeiten, doch einiges kann dazu noch gesagt werden: Die *Farbvorschläge* in den einzelnen Beispielen sind oft erprobte Zusammenstellungen. Sollte eine Farbe nicht vorrätig sein, behilft man sich mit einer anderen, die der fehlenden nahe kommt, oder erprobt ganz mutig eigene Ideen. Vorsichtshalber sollte der vorgeschlagene Hell-Dunkel-Bereich eingehalten werden, besser ist noch, die gesamte Auswahl gegen das Licht zu halten und zu prüfen, ob noch genügend Transparenz vorhanden ist.

So geschieht auch die *Farbauswahl* immer mit dieser «Gegenlichtprobe». Die daraus resultierende Farbstimmung sollte entscheidend für die Auswahl der Papiere sein, nicht das Harmonisieren im Auflicht!

Das bevorzugte *Weiß* als Untergrund gibt allen Farben gleichermaßen die Chance, die optimale Leuchtkraft zu erreichen. Während z.B. ein hellblauer Untergrund zwar weiteren Blautönen zur Intensität verhilft, werden andere Farben dafür mit Blau verfälscht. Auch darf Weiß als hellster Durchblick und als Kontrastbereicherung nicht vergessen werden.

Zu den fein durchbrochenen *Mittelteilen,* die meistens den leuchtenden Mittelpunkt bilden, sei noch gesagt: Die Kunst besteht nicht darin, möglichst kleine und gar viele Teile herauszuschneiden; vielmehr wird die Mitte um so filigraner, je feiner die verbleibenden «Stege» sind.

Die leider *nicht lichtechten* Papiere sollten einer direkten Sonnenbestrahlung möglichst wenig ausgesetzt werden; das verlängert die Lebensdauer erheblich (Nord- und Ostfenster). Die Farben verblassen unterschiedlich schnell. Während Gelb sich als erstaunlich lichtecht erweist, sind Rosatöne oft nach kurzer Zeit verblichen.
Ebenso ist Feuchtigkeit eine Gefahr; direkte Wassertropfen hinterlassen regelrechte «Farblöcher», also Vorsicht bei Kondenswasser an Fensterscheiben!
Durch Schwankungen der Luftfeuchtigkeit und Raumtemperatur ist auch ein Verziehen nicht ganz zu vermeiden.
Aber Papier ist ohnehin mehr für kurzlebige Werke geeignet, und so nehmen wir den Farbverlust einfach als Anreiz zu neuem Tun und Schaffen!

Bilder aus Seidenpapier

Bilder aus Seidenpapier «leben» gewissermaßen vom Licht, genauer gesagt: vom Gegenlicht. Nur im Auflicht gesehen, wirken sie oftmals nichtssagend, manchmal fast enttäuschend, wenn z.B. eine obere intensive Farbfläche eine interessante Komposition verdeckt.
Das wahre Farbzusammenspiel mit allen im Auflicht verborgenen neuen Farbmischungen entdecken wir erst, wenn die Bilder gut durchleuchtet sind. Das Besondere aber, unabhängig von der Qualität des hergestellten Werkes, kommt erst in den wechselnden Lichtverhältnissen des Tageslaufes zum Vorschein: Wenn mit der ersten Morgendämmerung nur wenig Licht durchfällt und zart die Farben aufleuchten – über den Tag erst voll zur Geltung kommen – und zum Abend hin im verblassenden Licht noch einmal ganz anders erscheinen können. Wer dies einmal entdeckt hat, wird mit besonderer Freude das Wechselspiel von Licht und Farben erleben.

Zur Arbeitsweise bei den Bildern

Die im ersten Teil beschriebene Falt-Technik hat durch die symmetrische Wiederholung einzelner Formelemente – immer in einen runden Rahmen eingefügt – ornamentalen Charakter.
So bleibt diese Technik in einer gewissen Weise in sich «abgerundet», auch wenn durch die schier unglaubliche Vielzahl der möglichen Farbkombinationen und Formen der Kreativität kaum Grenzen gesetzt sind.
Eine ganz andere Arbeitsweise wird nun im zweiten Teil für die Bilder beschrieben. Sie erinnert an das Schichten in der Aquarellmalerei, wo sich durch Übereinanderliegen der Farben und Flächen neue Farbvarianten, aber auch neue Linien ergeben.
In dieser freieren Gestaltung lassen sich andere Möglichkeiten entdecken, und schöpferisches Schaffen kann sich in neuer Weise entfalten.

Eigenschaften des Materials

Die im ersten Teil beschriebenen Materialeigenschaften (s. S.7) gelten natürlich auch für diesen Bereich. Während aber für die Falttechnik nur geschnitten wurde, kommt jetzt das *Reißen* der Papiere hinzu.

Jedes Seidenpapier hat eine Reißrichtung. *In dieser Reißrichtung* erhalten wir einen ziemlich geraden Riß, der sich bei langsamem Reißen auch regelrecht zu geplanten Bögen und Schwüngen führen läßt (mit der zweiten Hand etwas unterstützen). *Gegen die Reißrichtung* ergeben sich oft ungewollte Buckel oder gar scharfe Zacken. Da beide Reißarten für spezielle Zwecke gebraucht werden können, ist es sinnvoll, das Reißen einmal am Rand zu erproben.

Das Schneiden des Papieres ergibt eine sehr glatte Linie, die schärfer sichtbar wird, als die etwas weichere Linienführung vom Reißen.

Für besondere Effekte kann das Ausschneiden eines Motivs aus einem vorbereiteten Hintergrund (durch mehrere Lagen hindurch) eingesetzt werden – immer da, wo etwas hervorgehoben werden soll.

Für das nun folgende, ausgewählte Märchen-Motiv «Die Sterntaler»sind alle drei Handhabungsarten verwendet worden: Reißen, Schneiden und das eben erwähnte Ausschneiden.

Abb. 46

Abb. 47

«Die Sterntaler»

Material und Zubehör

Für dieses Motiv brauchen wir insgesamt folgende Seidenpapierfarben:

- Weiß
- Helltürkis
- Türkis
- Hellblau
- Mittelblau
- Dunkelblau
- Braun
- Lila

Reste:

- Rosa für Gesicht, Hände und Beine
- Hellgelb für das Gewand
- Mittelgelb für die Haare

Plakatkarton für den Rahmen
Seidenpapier
Klebstoff
Bleistift
Klebefilm und Büroklammern
feine und mittlere Schere
Lineal oder rechtwinkliges Dreieck
Kartonmesser

Die Abb. 48, 49, 50, 52 und 55 sind auf 75% verkleinert

Abb. 48

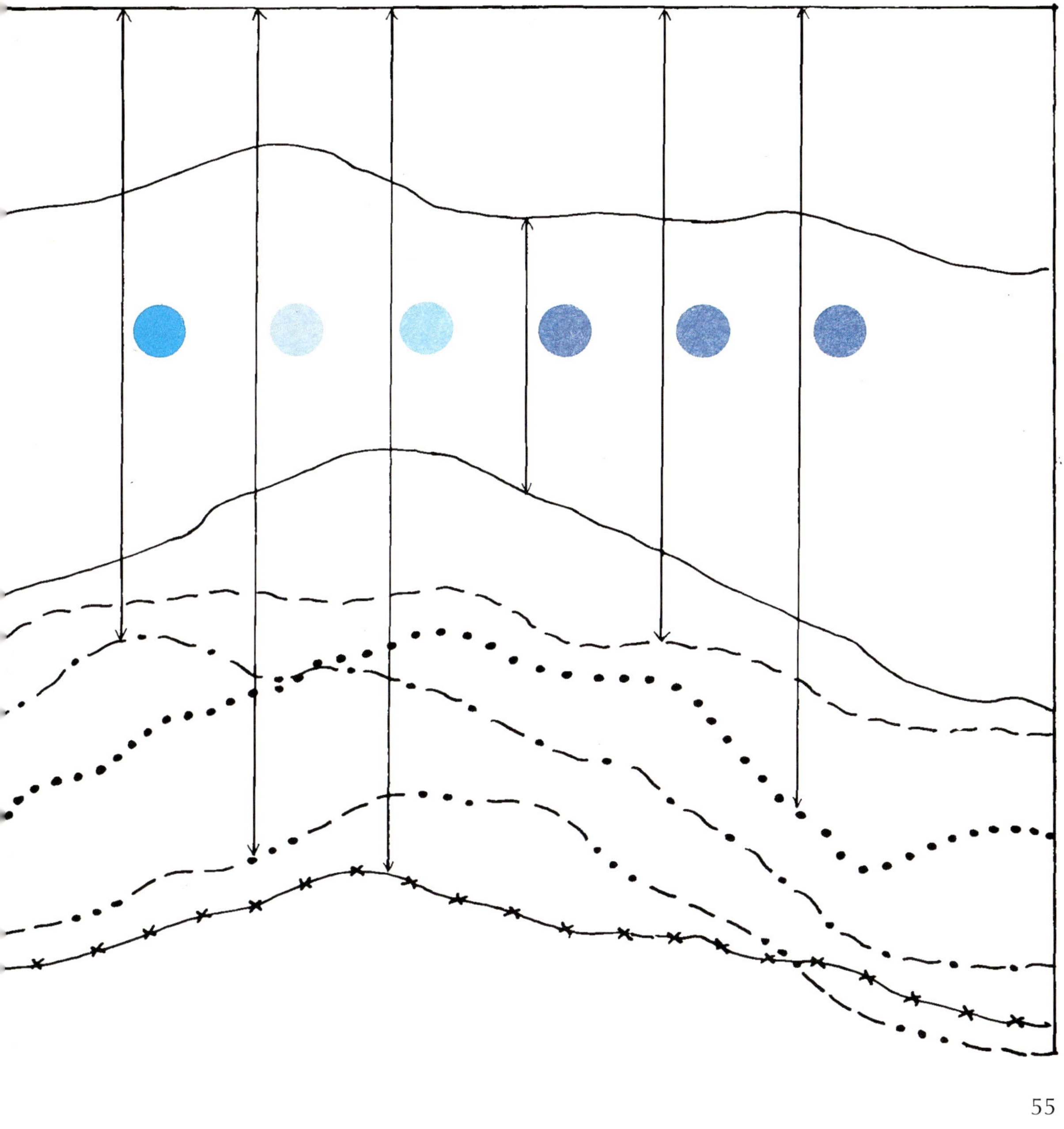

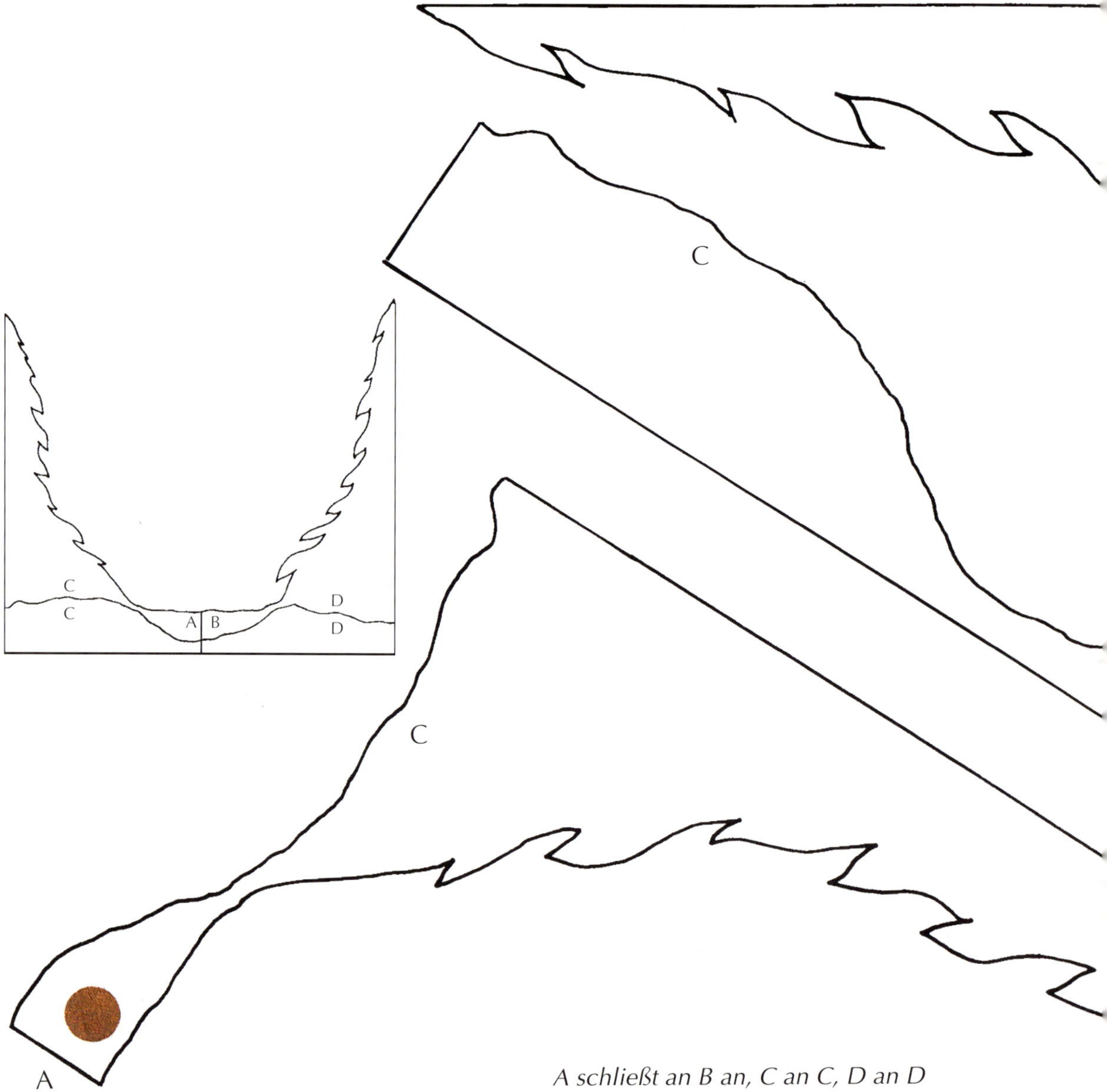

A schließt an B an, C an C, D an D

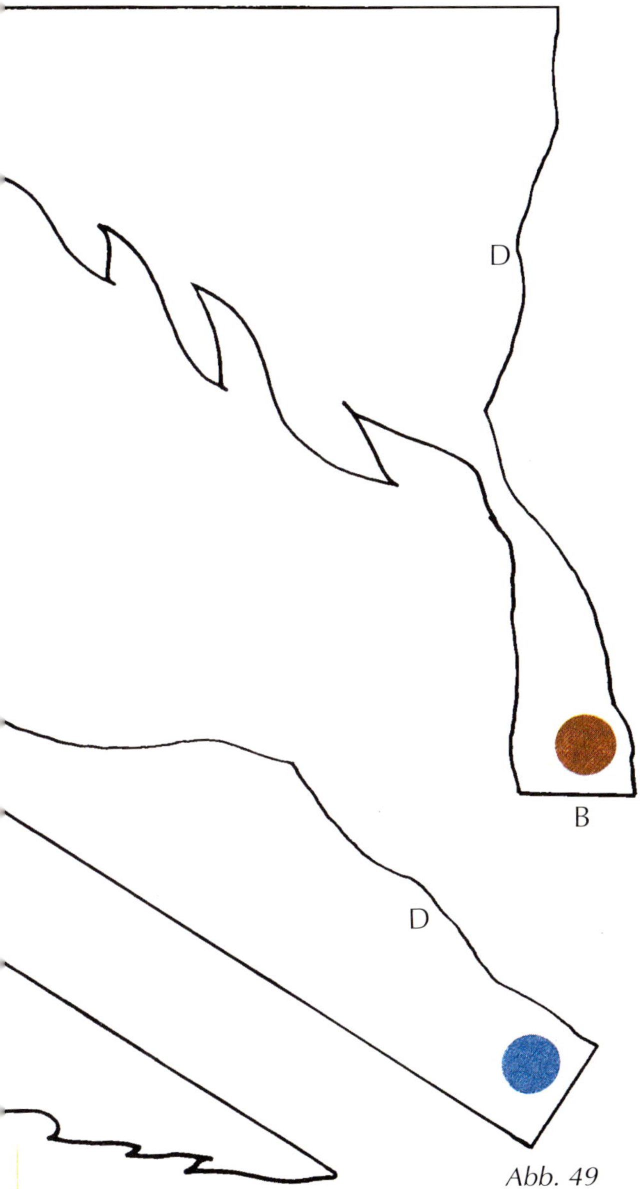

Abb. 49

Der Untergrund

Wir beginnen mit zwei Lagen Hellblau, etwa 29 cm breit und 37 cm hoch.
Diese werden an den Rändern zusammengeklebt und dienen so als Untergrund für das Bild. (Für ein helles Motiv wäre eine weiße Unterlage zu nehmen.)

Für den Himmel benötigen wir erst einmal sechs Bogen:

- Helltürkis
- Türkis
- Hellblau
- dreimal Mittelblau.

Die sechs Farbschichten legen wir übereinander und schneiden sie in der Größe 29 x 23 cm zurecht.
Aus Abb. 48 entnehmen wir, wie der untere Bogen gerissen wird (der Bogen ist 29 cm breit, die Höhe ist unterschiedlich). Die Abbildungen sind auf 75 % verkleinert. Bedenken Sie, daß man sie mit 133 % vergrößern muß.

Achtung: der unterste mittelblaue Streifen hat auch nach oben hin einen Bogen gerissen, damit das Bild im oberen Bereich nicht zu dunkel wird.

Seitlich am Rand wird festgeklebt in der Reihenfolge:

Helltürkis
Türkis
Hellblau
Mittelblau 1
Mittelblau 2
Mittelblau 3 (s. Abb. 46)

Hellblau und Helltürkis lugen unten heraus, während die oberste mittelblaue Lage die drei mittleren Schichten abdeckt und dadurch die Reißlinien etwas abmildert (Abb. 47).

Nun wird das Ganze umgedreht und auf der Rückseite der dunkle Hintergrund für die Bäume angelegt. Wir nehmen dazu braunes Seidenpapier in der Größe etwa 29 x 28 cm. Nach der Abb. 49 wird geschnitten.
Ein etwa 5 cm breiter dunkelblauer Streifen wird ebenfalls nach Abb. 49 zurechtgerissen.

Wie aus der Abb. 52 ersichtlich, wird zuerst Braun, dann Dunkelblau seitlich festgeklebt.

Die Bäume

Jetzt sind die Bäume an der Reihe. Die Farben sind so ausgewählt, daß sie einer der Dunkelheit entsprechenden Stimmung entspringen, also keine warmen und auch keine grünen Töne. Ein paar helle Farben für den lichteren Teil in der Mitte gehören auch dazu:

- 2 Lagen Lila
- 2 Lagen Dunkelblau
- 3 Lagen Türkis
- 2 Lagen Hellblau
- 2 Lagen Braun
- 1 Lage Helltürkis

Größe etwa 22 x 15 cm

Aus Abb. 50 übertragen wir die Bäume. Es kommt nicht auf eine genaue Kopie an. Nur die Größe und die Ausdehnung der Zweige sollten in etwa übereinstimmen. Es ist ratsam, vor dem Ausschneiden die Lagen mit Büroklammern zu

Abb. 50

Abb. 51

sichern, damit sie beim Schneiden nicht verrutschen. (So lassen sich die zwölf Lagen wirklich gut auf einmal ausschneiden!)

Wir haben nun also 12 große Bäume und ebenso viel kleinere verfügbar. Mit diesem nur zweifachen Zuschnitt läßt sich ein lebendig strukturierter «Wald»schichten, dem man keinesfalls auf den ersten Blick ansieht, daß ihm praktisch nur eine Baumgestalt in zwei verschiedenen Größen zugrunde liegt. Dafür sorgt neben den diversen Farben auch die Asymmetrie der Baumform. Daher ist es ratsam, darauf zu achten, daß sich nicht alle auf einer Seite gleich geschnittenen Zweige nach der gleichen Seite hin ausrichten – also einfach ein paar Bäume umdrehen und seitenverkehrt festkleben –, denn sonst wäre eine gewisse Monotonie erkennbar.
Zum Rand hin werden die größeren, dunkleren Bäume geklebt (an Spitze und Stamm fixiert) und zur Mitte mehr die kleinen und lichteren. Aus dem Baum-Vorrat sind verwendet:

groß:

1 lila
2 dunkelblau
2 türkis
2 hellblau

klein:

1 lila
1 dunkelblau
2 braun
3 türkis
2 hellblau
1 helltürkis

Abb. 52

links 9 Bäume

× 4 große

⊙ 5 kleine

rechts 8 Bäume

× 4 große

⊙ 4 kleine

Abb. 53

Die ungefähre Anordnung der Bäume ist aus Abb. 54 zu erkennen, genauer in Abb. 52. *Achtung:* Die Bäume stehen nicht in einer Höhe auf der «Erde», sondern immer ein wenig versetzt. Ein brauner Streifen, Verlauf siehe Abb. 52, deckt diese unterschiedlichen Höhen ab.

Abb. 54

Die Sterne

Jetzt geht es an das Ausschneiden der Sterne! Wir brauchen dazu eine feine Schere, die vor allem auch in der Spitze gut schneidet. Und vielleicht ist es am besten, vorher einen Stern zur Probe zu schneiden, aber – die Sterne dürfen ruhig etwas unregelmäßig ausfallen, um so natürlicher wirken sie. Außerdem müssen es nicht über zwanzig Exemplare sein, etwas weniger und dafür vielleicht etwas größere tun es auch. Ein paar sollten aber auf alle Fälle gut sichtbar in das ausgebreitete Gewand fallen. (Nicht zu gleichmäßig über den Himmel verteilen, besser in kleinen Gruppen.) Zum Schluß können mit der feinen Scherenspitze noch ein paar ergänzende «Sternchen»einfach hineingestochen werden (Abb. 56).
Damit ist der aufwendigste Teil bereits geschafft!

Das Mädchen

Der nächste Schritt ist nun für die Gestalt nötig. Aus der Abb. 55 übertragen wir die Figur auf ein weißes Stück Seidenpapier, ca. 29 x 18 cm, schön in die Mitte. Denken Sie daran, daß die Figur auf 75 % verkleinert ist.
Das Seidenpapier legen wir auf unser vorbereitetes Bild und zwar so, daß die Gestalt gut zwischen den Bäumen steht, mit den Füßen im braunen Streifen ruhend. Achtung: Die Figur muß absolut senkrecht stehen, man darf nicht das Gefühl bekommen, daß sie im nächsten Augenblick nach vorne oder hinten umkippen könnte. Wenn so die richtige Haltung gefunden ist, wird das weiße Papier an den seitlichen Rändern mit Klebefilm festgehalten. (Evtl. zusätzlich etwa in der Mitte des Kleides mit einem Tropfen UHU fixieren.)
Mit der feinen Schere wird an den gezeichne-

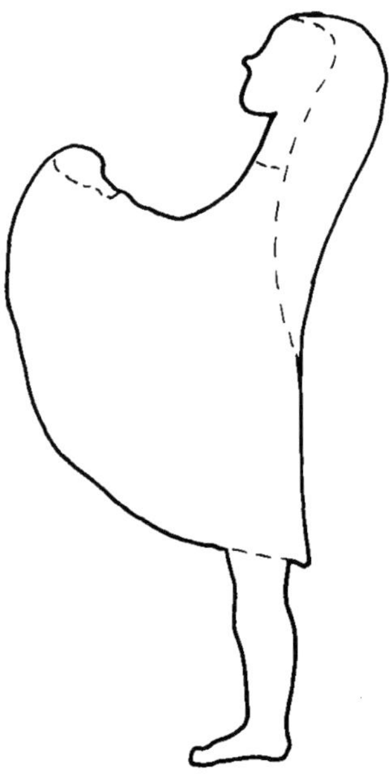

Abb. 55

ten Konturen entlang durch alle Lagen hindurch ausgeschnitten. Auch ein paar Zweigspitzen, die im Wege sind, werden dabei fallen. Allergrößte Vorsicht ist nur beim Profil geboten, da kann ein kleiner Ausrutscher dem armen Kind unter Umständen zu einer grotesken Nase verhelfen; dort lieber etwas behutsam schneiden. Die Vorlage kann dann wieder abgelöst werden, das Ganze wird umgedreht, und auf die Rückseite ein weißes Seidenpapier geklebt, das die ganze Fläche abdeckt (überstehende Ränder abschneiden).

Abb. 56

Noch ist die Gestalt von Kopf bis Fuß schneeweiß. Für die hautfarbenen Teile müssen wir uns mit einem hellen Rosa behelfen. Wir übertragen aus Abb. 55 die Beine bis zum Kleidansatz, die Hände und das Gesicht bis zum Haar auf ein doppelt gefaltetes Stück rosa Papier. Beim Ausschneiden geben wir ein bißchen «Nahtzugabe»dazu, damit später nirgends ein Eckchen Weiß durchblitzt. Das Gesichtsteil kleben wir *ein*fach auf, die Hände

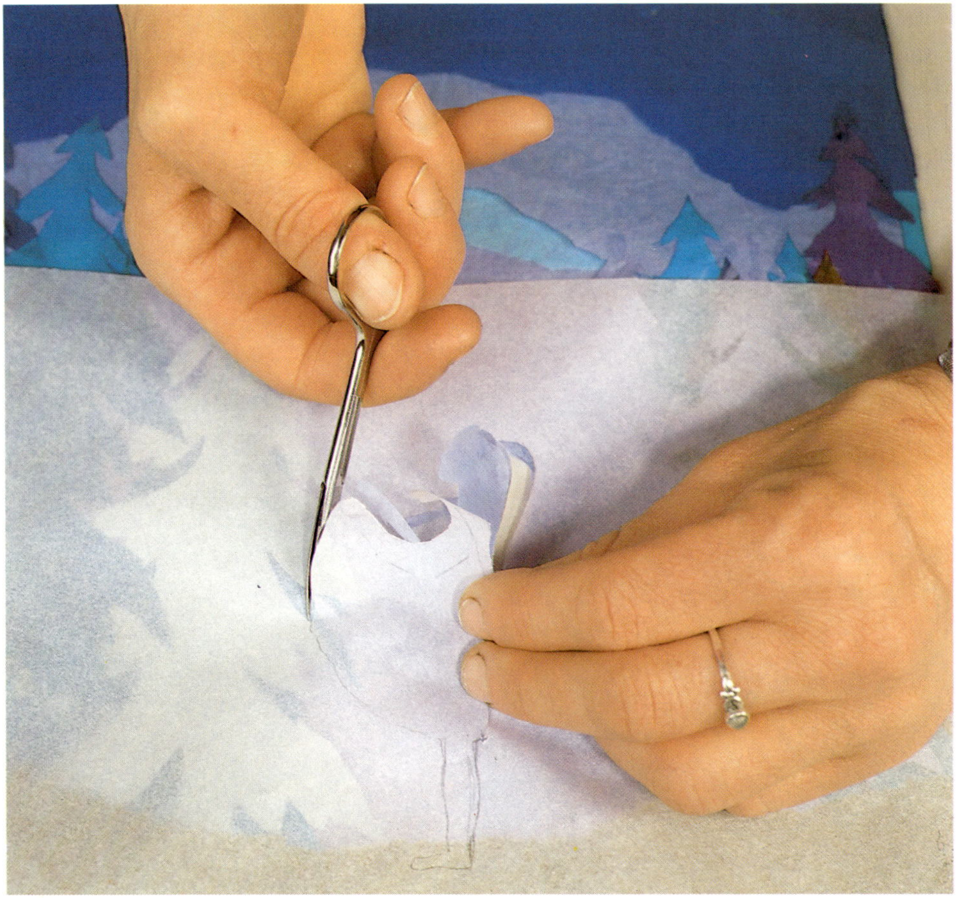

Abb. 57

*zwei*fach, aber etwas versetzt, ebenso die Beine. (Das vielleicht etwa stark erscheinende Rosa verblaßt sehr rasch!)
Das Gewand besteht zuerst aus einem Stückchen hellgelbes Papier, etwa 9 x 9 cm. Es wird an einer Seite zusammengeknüllt, so daß dieses wie zusammengefaltet beim Halsausschnitt hinpaßt, siehe Abb. 59! So schon kleidmäßig vorgeformt, wird das Teil noch einmal kurz zur Seite gelegt, die gesamte Fläche für das Ge-

Abb. 58

wand reichlich mit UHU bestrichen, siehe Abb. 58. Auf die Klebefläche wird das vorbereitete Papier aufgelegt und zum Gewand zurechtgeschoben. Die Haltung der Arme wird durch entsprechende Faltungen angedeutet, siehe Abb. 59.

Abb. 59

Abb. 60

Wenn reichlich Klebstoff verwendet worden ist, bleibt genug Zeit, um das Gewand zurechtzuschieben – bevor der Kleber anzieht. Auch das ist Übungssache, aber man kann es schnell zu einer wahren Meisterschaft im Faltenwurf bringen. Was nun noch übersteht, wird mit der Schere abgeschnitten, s. ebenfalls Abb. 59.
Wem das Knüll-Verfahren Spaß macht, der kann die Haare in dieser Weise mit einem ebenfalls etwas zu reichlichen Stück Goldgelb anfertigen. Es empfiehlt sich, zum Abdecken ein paßgerechtes Stück darüber zu kleben, dies verstärkt obendrein den Goldton noch etwas. Sonst werden einfach zwei bis drei Schichten «Frisur» nach Abb. 55 zurechtgeschnitten und glatt aufgeklebt. Übrigens steht in keinem Märchenbuch etwas von der Haarfarbe. Wer mag, kann ein brünettes Geschöpf ebenso gut verwirklichen. Das Gesicht braucht nicht ausgestaltet zu werden, meist wird ohnehin nur Schaden angerichtet.

Der Rahmen

Jetzt fehlt nur noch der einfassende Rahmen, der einerseits die unschönen Klebestellen am Rand verdecken soll, andererseits aber auch die nötige Festigkeit zum Aufhängen bringt, Ausgegangen bin ich beim Modell von den Innenmaßen 27 cm breit und 35 cm hoch. Manchmal aber ergeben sich während der Arbeit doch ein paar Verschiebungen, oder es ist ein Klebefleck entstanden, der unter den Rahmen verbannt werden soll. So überprüfen wir die Innenmaße, indem wir das Bild mit Klebefilm an einer Fensterscheibe befestigen und die idealen Abstände ausmessen.

Der Rahmen ist eine höchst individuelle Angelegenheit. Wer da spezielle Vorstellungen hat und entsprechende Übung, kann ihn ganz nach eigenem Geschmack gestalten; das fängt bei der Wahl der Rahmenfarbe an.

Ich habe einen neutralen Rahmen in Weiß mit einer Rahmenbreite von 3,5 cm gewählt (Abb. 60). Liebhabern schmaler Rahmen sollte man diese Vorliebe auch zugestehen, doch ist zu bedenken, daß dann die Stabilität darunter leidet. Es ergeben sich also zu den Innenmaßen 27 x 35 cm die Außenmaße 34 x 42 cm.
Ein paar Anmerkungen für die Leser, die noch nie einen Kartonrahmen für ein eigenes Bild hergestellt haben: es ist gar nicht so schwer!

Wir tragen die Außenmaße auf die innere, nicht beschichtete Seite des Plakatkartons auf und ziehen den äußeren Rand des Rahmens mit dem Bleistift nach. Nun markieren wir die Rahmenbreite jeweils mit 3,5 cm an allen vier Seiten und können damit den inneren Rand zeichnen. Mit einem Schneidemesser (Kartonmesser mit austauschbaren Klingen) können wir die zwei benötigten Rahmenteile auf einmal schneiden. Dazu werden beide Kartons mit der beschichteten Seite aufeinandergelegt und ein Auseinanderrutschen mit Büroklammern verhindert. Das gleichzeitige Ausschneiden beider Rahmenteile erfordert ein wenig Kraft, sonst muß zunächst ein einzelnes Teil ausgeschnitten werden und das zweite in einem weiteren Arbeitsgang.
Ein Rahmenteil haben wir jetzt vor uns, mit der Innenseite nach oben. Unser Bild legen wir so darauf, daß die Kleberänder gleichmäßig auf dem Rahmen sind und achten vor allem darauf, daß die Bäume und die Gestalt schön senkrecht zu stehen kommen. Wir fixie-

ren an allen vier Ecken mit Klebefilm und stellen es noch einmal zum Überprüfen ins Fenster. Wenn das Motiv gut im Rahmen sitzt, bestreichen wir den Rahmen und evtl. etwas die Papierränder mit UHU, legen den zweiten abdeckenden Rahmen darauf und drücken ihn fest an. Ein bis zwei Stunden Pressen ist sehr hilfreich denn zu frisch geklebt und aufgehängt, kann leicht ein Verbiegen des Rahmens mit sich bringen. Jetzt brauchen wir nur noch einen Faden mit zwei Einstichen (ca. 8 cm vom seitlichen Rand) durchzuziehen; hier kann das Bild beim Aufhängen ausbalanciert werden.

Laternenkinder

Das ebenfalls von der Dunkelheit her bestimmte Motiv läßt die Laternen der Kinder im Gegenlicht so aufleuchten, wie es mit einer Maltechnik kaum erreicht werden kann. Das macht natürlich auch den besonderen Reiz dieser Motive aus (Abb. 61).

Kurz noch ein paar praktische Hinweise: Zunächst wird der Hintergrund in unterschiedlichen Blau- bzw. Brauntönen geschaffen; auch ein schmaler Streifen Grün für den Horizont ist dabei. Die dunklen Bäume werden ziemlich großzügig gerissen und mit der Knülltechnik in ihre Form gebracht. Im Gegensatz zum Sterntalerbild werden hier die Gestalten nicht aus dem Hintergrund herausgeschnitten, sondern auf diesen zusätzlich aufgebracht. Dazu werden die Silhouetten in relativ dunklen Farben geschnitten und in zwei Lagen geklebt. Zur Aufhellung und Andeutung eines Gesichtes wird einfach der entsprechende Gesichtsteil wieder aus einer Lage herausgeschnitten. Die Laternen sind dann aber durch alle Lagen hindurch ausgeschnitten. Eine weiße Rückseite, die danach angebracht wird, gibt die Klebefläche für die farbigen Lampions. Die Laternen-Stöcke dürfen auch nicht fehlen, und natürlich sollten ein paar Sterne am dunklen Firmament aufleuchten.

Abb. 61

Abb. 62

Abb. 63

An weiteren Motiven ist vieles möglich: Vom konkret bis in alle Einzelheiten ausgeführten Motiv (mit der Schere als unentbehrlichem Hilfsmittel für genaues Arbeiten) über freie «Landschaften» (Abb. 62), die vielleicht nur gerissen werden, bis hin zu abstrakten Farb- und Formenstudien (Abb. 63).
Dazu empfiehlt sich eine von unten beleuchtete Arbeitsfläche, die jeden einzeln gefertigten Schritt sofort sichtbar macht. (Eine Glasplatte, die von unten angestrahlt wird, genügt für den Anfang.)

Für dieses fast wie gemalt wirkende Beispiel (Abb. 62) wurde Japan-Papier verwendet.
Das textilartige und kostspielige Material gibt es nur in einer kleinen Farbauswahl, es hat auch nicht ganz die Leuchtkraft der Seidenpapiere.
Doch lohnt sich ein Versuch dank der interessanten Strukturen und der großen Lichtbeständigkeit immer.

Werkbücher für Kinder, Eltern und Erzieher

1 Wir spielen Schattentheater

Anregungen für eine einfache Bühne, kleine Szenen und drei Märchenspiele. Mit zahlreichen Zeichnungen und Scherenschnitten von *Erika Zimmermann*. 4. Auflage, 72 Seiten, kartoniert

2 Advent

Praktische Anregungen für die Zeit vor Weihnachten. Zusammengestellt von *Freya Jaffke*. Mit Zeichnungen von Christiane Lesch und farbigen Abbildungen. 6. Auflage, 59 Seiten, kartoniert

3 Bilderbücher mit beweglichen Figuren

Anregungen und Anleitung zum Selbermachen, von *Brunhild Müller*. 4. Auflage, 57 Seiten, kartoniert

4 Wir spielen Kasperle-Theater

Die Bedeutung des Kasperle-Spiels, die Herstellung von Puppen und Bühne und zehn kleine Szenen. Von *A. Weissenberg-Seebohm*, *C. Taudin-Chabot* und *C. Mees-Henny*. Aus dem Holländischen von Arnica Esterl. 3. Auflage, 92 Seiten mit 7 farbigen und 56 schwarzweißen Abbildungen, kartoniert

5 Mit Kasperle durch das Jahr

Vier große Kasperle-Stücke, von *A. Weissenberg-Seebohm*. Aus dem Holländischen von Arnica Esterl. 2. Auflage, 56 Seiten, kartoniert

Werkbücher für Kinder, Eltern und Erzieher

6 Geometrische Körper aus Stroh selbstgemacht

Von *Walter Kraul*. 2. Auflage, 46 Seiten mit zahlreichen Abbildungen, kartoniert

7 Spielen mit Wasser und Luft

Von *Walter Kraul*. 4. Auflage, 70 Seiten mit zahlreichen Zeichnungen und Fotos, kartoniert

8 Spielen mit Feuer und Erde

Von *Walter Kraul*. 3. Auflage, 59 Seiten mit zahlreichen Zeichnungen und Fotos, kartoniert

9 Malen mit Wasserfarben

Von *Brunhild Müller*. 4. Auflage, 49 Seiten mit zahlreichen farbigen Abbildungen, kartoniert

10 Kinderbekleidung

Von *Ulrich Rösch* und *Traute Nierth*. 2. Auflage, 92 Seiten mit zahlreichen farbigen und schwarzweißen Abbildungen, kartoniert

11 Pflanzenfärben ohne Gift

Neue Rezepte zum Färben von Wolle und Seide. Von *Eva Jentschura*, mit Illustrationen von Heidi-Char-lotte Geister. 56 Seiten mit zahlreichen Abbildungen, kartoniert

12 Gestalten mit farbiger Wolle

Von Dagmar Schmidt und Freya Jaffke. 2. Auflage, 75 Seiten mit zahlreichen farbigen Abb., kartoniert

Verlag Freies Geistesleben